Elogios para *El sexo, mis deseos y mi Dios*

«Esta es una obra peligrosa y excelente, llena de ánimo y esperanza. Este libro te liberará. El proceso que Michael describe aquí funciona... lo he visto suceder en muchos hombres. Es por eso que tú deberías leerlo. Después regálalo a cada hombre que conozcas».

—JOHN ELDREDGE
Autor de *Salvaje de corazón* Y *Beautiful Outlaw*

«*El sexo, mis deseos y mi Dios* es una obra milagrosa. Como ex rehén de la pornografía y de su secuela de males, el respetado director espiritual Michael John Cusick, arroja luz sobre la dignidad de nuestros deseos sexuales para luego indicar una ventana abierta a través de la cual él ha llevado a muchos hombres a la libertad. Cusick explica con claridad la situación del adicto, poniéndola dentro de su contexto bíblico adecuado y resumiendo la más reciente investigación científica. Nos muestra que el dilema es espiritual, y que está arraigado en nuestros propios anhelos negados, especialmente nuestro anhelo por Dios. Luego ofrece orientación invaluable y práctica. Todo cristiano preocupado por los efectos destructivos de la pornografía en la iglesia contemporánea debería leer este libro».

—NATE LARKIN
Fundador de la Sociedad Sansón, autor de *Samson and the Pirate Monks: Calling Men to Authentic Brotherhood*

«Michael Cusick ha escrito un libro en que cada página tiene al menos una frase que nos hace entender que esta no es tan solo "una batalla de todo hombre" sino una lucha que el Señor ha permitido para que podamos saber realmente que no podemos salvarnos a nosotros mismos... que necesitamos a Dios. Esta obra está enriquecida con experiencia personal y guía profesional. Es un libro acerca del maravilloso lío de ser individuos sexuales, y de que no sabemos cómo vivir esa realidad de acuerdo a la asombrosa manera que el Señor desea. Sin embargo, después de leer el libro hay más esperanza, menos vergüenza y más libertad en imaginar el sueño que Dios tiene para todos nosotros».

—SHARON A. HERSH, M.A., L.P.C.
Autora de *Begin Again, Believe Again; The Last Addiction;*
Mom, Sex Is No Big Deal!

«*El sexo, mis deseos y mi Dios* es una obra profundamente necesaria para varones. No solo que Cusick relaciona nuestras luchas y deseos sexuales con nuestra espiritualidad, sino que demuestra por medio de su propio viaje redentor cómo aceptar el quebrantamiento que sufrimos, y cómo salir de ese lugar. Aquí es donde se encuentra una vida real y centrada. Me alegra mucho que este libro esté a disposición de todos aquellos obsesionados con la lucha sexual; lo he encontrado muy alentador en mi propia historia».

—CHARLIE LOWELL
Jars of Clay

«Michael toca de lleno un asunto crítico en el Cuerpo de Cristo, del cual tendemos a ver solamente la punta del iceberg. Valoro en gran manera muchas de sus profundas apreciaciones, observaciones y ayudas prácticas. Mi esperanza es que muchos sean libres para que disfruten por completo la gracia del evangelio».

—DOUG NUENKE
Presidente de The Navigators USA

«Michael John Cusick expone con gran claridad la patología del pecado más desenfrenado de nuestra época. Luego revela con precisión cómo extirparlo a fin de restaurar la salud espiritual y relacional. Sea que tú mismo, una amistad, o un ser amado esté sufriendo este mal, encontrarás en *El sexo, mis deseos y mi Dios*, un manual para la cirugía del alma».

—DAVID STEVENS
Médico y oficial ejecutivo en jefe de
Christian Medical & Dental Association

«*El sexo, mis deseos y mi Dios* es una obra revolucionaria para hombres que va más allá de los grupos de responsabilidad mutua, y que explora las raíces de nuestras pasiones desordenadas y de nuestros apetitos inapropiados. Basado en la Biblia, en investigación del cerebro, en reflexivas prácticas espirituales, y en años de analizar su propio quebrantamiento, Michael ha creado una obra de esperanza donde la muerte se intercambia por vida, la vergüenza se intercambia por vitalidad, y la compulsión se intercambia por profunda conexión. Este libro debería ser una copia muy gastada por hombres y por quienes trabajan con ellos».

—DR. ERIC SWANSON
Leadership Network, Coautor of *The Externally
Focused Church* y *To Transform a City*

«Todos tenemos adicciones, algunos al éxito y la aprobación y otros a la pornografía y demás vicios. *El sexo, mis deseos y mi Dios* es un recurso muy útil para quienes luchan con adicciones dolorosas y destructivas a la pornografía y al pecado sexual. La franqueza del autor, que se apoya en su propio viaje de sanidad, será una bendición y una guía para todos los que batallan en seguir el trayecto desde esta atadura particular hasta la libertad que viene al comprender de qué trata realmente la vida».

—RUTH HALEY BARTON
Fundadora de Transforming Center, y autora de *Una invitación al silencio y a la quietud* y *Sacred Rhythms*

«Lo que menos necesitamos es otro libro sobre sexo que divulgue chabacanerías o que pregone soluciones simplistas. Michael no hace nada de eso. Ocupándose tanto de los lugares salvajes como de los tiernos del alma masculina, las palabras en estas páginas escarban y conforman una obra profunda».

—WINN COLLIER
Autor de *Holy Curiosity*

«Estoy convencido de que este extraordinario libro es la respuesta a las oraciones de individuos desesperados por esperanza y libertad. El genio de Cusick yace en la manera en que teje magistralmente su experiencia clínica con la narración de su propia recuperación, a fin de llevar sanidad y restauración a quienes están atrapados por una aflicción epidémica».

—IAN MORGAN CRON
Consejero y autor de *Chasing Francis* y *Jesus, My Father, the CIA, and Me*

«*El sexo, mis deseos y mi Dios* es un recurso muy razonado y comprensivo para que cualquier hombre encuentre realmente libertad del pecado sexual. ¡Indispensable para la iglesia y los líderes ministeriales!».

—STEVE SILER
Director ejecutivo de Music for the Soul, y realizador de *Somebody's Daughter: A Journey to Freedom from Pornography*

«Este libro es un soplo de aire fresco para hombres que han estado tratando con todas sus fuerzas de librarse de las cadenas de la pornografía, y que sin embargo siguen luchando. De una forma maravillosamente auténtica Michael Cusick nos muestra que existe esperanza, y que esta no se encuentra en tratar más duro sino en acoger la verdad y el poder del evangelio. Quiero que cada hombre en mi iglesia lea este libro. El asunto es así de importante».

—ALAN KRAFT
Pastor principal de Christ Community Church y
autor de *Good News for Those Trying Harder*

«Michael Cusick simplemente no va a dejar que los hombres se conformen con intentos banales por resolver su guerra contra las luchas sexuales. Los desafía a explorar sus corazones y a descubrir una pasión profunda que no puede satisfacer lo vacío de la pornografía. Michael nos lleva a través de su viaje personal y nos invita a conectar nuestros deseos más profundos con la esperanza que todos anhelamos: Dios».

—MICHAEL MISJA, PH.D.
Cofundador de North Coast Family Foundation, y
coautor de *Thriving Despite a Difficult Marriage*

«Este no es simplemente otro libro para advertirnos que no veamos pornografía; es una invitación hacia la libertad y la transformación. Con amor y gracia que fluyen de cada palabra, Michael nos guía en un viaje cuyo propósito es descubrir nuestros más profundos deseos y la identidad más real como hijos amados de Dios. Esto es mucho más que un simple cambio de conducta; este libro es una puerta de entrada a una nueva manera de vivir».

—MICHAEL HIDALGO
Pastor principal de Denver Community Church

«Al trabajar con estudiantes universitarios adictos a la pornografía durante más de una década, he aprendido que este simplemente es un síntoma de masculinidad desgarrada, y que la cura no está en intentar u orar con más fuerza. Es evidente que Michael Cusick conoce a los hombres, y en *El sexo, mis deseos y mi Dios* ofrece verdad, exige profunda reflexión, brinda esperanza, alienta, e invita a un viaje hacia la recuperación de la masculinidad dada por Dios. Aquí no hay trucos, solo verdad que libera».

—DR. RYAN T. HARTWIG
Profesor asistente de Comunicación en Azusa Pacific University

«Michael brinda esperanza y ayuda en este magistral libro. Animo a cada hombre y a cada padre a leerlo».

—Bob Roberts, hijo
Pastor principal de NorthWood Church
Autor de *Real-Time Connections*; *Globalization*; y *Transformation*

«*El sexo, mis deseos y mi Dios* es una respuesta práctica, valiente y sincera desde las trincheras. Trata sin rodeos una de las mayores crisis que azotan a la iglesia de hoy. ¡Lo recomiendo!».

—Peter Scazzero
Pastor principal de New Life Fellowship Church, y autor de *Una iglesia emocionalmente sana* y *Espiritualidad emocionalmente sana*

EL SEXO, MIS DESEOS Y MI DIOS

Cómo descubrir el deseo divino
debajo de la lucha sexual

MICHAEL JOHN CUSICK

GRUPO NELSON
Una división de Thomas Nelson Publishers
Desde 1798

NASHVILLE   DALLAS   MÉXICO DF.   RÍO DE JANEIRO

Editora en Jefe: *Graciela Lelli*
Traducción: *Ricardo y Mirtha Acosta*
Adaptación del diseño al español: *Ediciones Noufront / www.produccioneditorial.com.*
ISBN: 978-1-60255-834-2

Impreso en Estados Unidos de América
13 14 15 16 17 RRD 9 8 7 6 5 4 3 2 1

A mi querida,

Julianne,

cuyos cariño y valor

me liberan a volar

Y a mi padre,

James Edward Cusick,

cuya vida es

una parábola viva de la redención.

Contenido

La búsqueda de pureza no tiene nada que ver
con suprimir la lujuria sino con reorientar la vida
de alguien hacia un objetivo mayor.

—DIETRICH BONHOEFFER

¿Qué es mejor que la pornografía?

Un rabino y su joven discípulo estaban sentados uno al lado del otro bajo la sombra de un enorme roble.

—Ayúdame, rabí —pidió el estudiante—. Soy un hombre de doble ánimo. La ley del Señor me dice: «El Señor es mi Pastor y nada me faltará». Sin embargo, ah, ¡cuántas cosas deseo!

El rostro del rabino mostró un vestigio de sonrisa, pero permaneció callado.

—Además, rabí —continuó el joven—. La ley del Señor me dice que mi alma solo encuentra descanso en él. No obstante, cielos, ¡cómo mi alma encuentra descanso en todo lo demás!

La cara del rabino reveló el mismo vestigio de sonrisa, pero permaneció en silencio.

—Y rabí —añadió el alumno—. El hombre conforme al corazón de Dios nos dice que solo pidamos y busquemos una cosa: contemplar la hermosura del Señor y buscarlo en su templo. Sin embargo, mi corazón va tras muchas cosas.

Entonces el joven bajó la voz hasta convertirse en un susurro.

—Y la hermosura a la que miro en secreto me produce vergüenza. ¿Cómo voy a llegar a ser un hombre conforme al corazón de Dios siendo tan infiel?

Con esto el rabino se despojó de toda reserva y comenzó a reír, con un brillo en los ojos.

—Hijo mío —respondió—. Escucha la historia que voy a contarte. Hace mucho tiempo una alondra volaba por sobre la agrietada y desolada tierra del desierto. Eran tiempos difíciles para todos los seres vivos, y a una criatura del aire no le era fácil hallar lombrices. Aun así, la alondra entonaba día tras día una bonita canción mientras buscaba su porción diaria. Con cada día que pasaba se hacía más complicado hallar comida. En medio del hambre aumentó la ansiedad, y en su inquietud el ave olvidó cómo cantar.

El rabino hizo una leve pausa, secó el sudor de una ceja, y exhaló profundamente. El estudiante se sentó atento al borde de la silla, pero se preguntó qué tenía que ver esta historia con convertirse en un hombre conforme al corazón de Dios.

—Un día la alondra oyó una voz desconocida —siguió hablando el hombre en un susurro—. Era la voz de un vendedor ambulante, y el ave no podía creer lo que el mercader parecía estar vendiendo. «¡Lombrices! ¡Lombrices! ¡Apetitosas lombrices! —exclamó el vendedor—. ¡Acércate ahora mismo y adquiere hoy tus deliciosas lombrices!». Incrédula ante esta repentina buena suerte, la alondra saltó más cerca del mercader, acercándose a este maná del cielo.

»¡Lombrices frescas! ¡Dos lombrices por una pluma!» —voceó el vendedor. A la mención de lombrices, la alondra sintió una punzada de hambre, y de pronto entendió. *Mis plumas son muchas,* pensó, imaginando el sabor de las lombrices en el pico. *Sin duda no extrañaré dos pequeñas plumas.* Por tanto, incapaz de resistir por más tiempo, el ave se arrancó dos de sus plumas más pequeñas y se las entregó al vendedor, quien, sin saberlo la alondra, era el demonio disfrazado.

»Según se le prometió, la avecilla obtuvo su porción de las lombrices más gordas y jugosas que había visto. ¡Y todo sin necesidad de escarbar y arañar el duro suelo! Así que la alondra agarró cuatro relucientes lombrices y se las tragó. *Tan pequeño sacrificio, pero tan grande recompensa,* se dijo. *Dos pequeñas plumas no es una preocupación para mí.* Con el estómago lleno, la alondra dio un paso en su elevada posición y comenzó a remontarse. Cuando lo hizo, comenzó a cantar otra vez.

»Al día siguiente el ave voló y cantó hasta que se encontró una vez más con el vendedor, quien igual que antes ofrecía dos lombrices por una pluma. Así que la alondra festejó con las deliciosas lombrices hasta quedar satisfecha. Así ocurrió día tras día. Los tiempos seguían siendo duros para todos los seres vivos, y las lombrices seguían siendo difíciles de conseguir para las criaturas del aire.

»Un día, después de consumir las lombrices, la alondra intentó tomar vuelo. En lugar de remontarse, se desplomó a tierra con un ruido sordo. Atónita pero agradecida por estar viva comprendió que ya no tenía más plumas. Desde luego, ya no podía volar».

El rabino hizo una pausa tan larga que el discípulo creyó que la narración había finalizado. Respondió a su maestro afirmando que reflexionaría en el significado de la historia.

—Ah, pero el relato continúa —manifestó el maestro sentándose y volviendo a exhalar profundamente—. Una vez que la alondra entendió que había entregado todas sus plumas y que no podía volar, recobró la sensatez. Desesperada brincó y trastabilló por el desierto, recogiendo lombrices. Una pequeña lombriz por aquí, otra pequeña por allá. Después de varios días de esfuerzo y trabajo duro el ave obtuvo un pequeño montón de lombrices y regresó donde el vendedor. Aquí hay suficientes lombrices para cambiarlas por mis plumas... las necesito de vuelta.

»El diablo, sin embargo, solo rió y expresó: "¡No puedes volver a tener tus plumas! Obtuviste tus lombrices, y yo he conseguido tus plumas. Y después de todo, ¡trato es trato!" Con eso desapareció en el aire».

Cuando el rabino terminó de hablar, el joven aprendiz notó una lágrima que bajaba por la mejilla del maestro.

—Rabí, ¿por qué la lágrima? —inquirió el discípulo.

—El corazón de Dios se entristece cuando renunciamos a nuestras plumas por unas cuantas lombrices —respondió el rabino—. Pero su corazón se entristece aun más cuando intentamos volver a comprar nuestras plumas. Porque solamente él puede restaurarlas.

—Rabí —volvió a indagar el joven después de un prolongado silencio—. ¿Por qué reías antes de contarme la historia?

—Reía de gozo porque he visto tu corazón —contestó el rabino volviéndose; sus húmedos ojos estaban centelleantes otra vez—. En tu corazón hay una canción. Y con tu corazón aprenderás a volar.[1]

xxx

Tú y yo fuimos creados para volar. Pero algo ha salido terriblemente mal. Nuestros antiguos antepasados Adán y Eva fueron engañados por una serpiente y perdieron el paraíso al lado de Dios. La alondra fue engañada por un vendedor ambulante y perdió su habilidad de volar. Adán y Eva perdieron su inocencia y se cubrieron con hojas de higuera. La alondra perdió sus plumas e intentó volver a comprarlas. En mi tipo de trabajo casi no pasa un día en que no oiga una historia acerca de un hombre que ha perdido sus plumas a cambio de pornografía.

Aunque las plumas no son literales, las pérdidas son devastadoras. Los hombres pierden confianza, reputación y respeto por sí mismos. Pierden matrimonios u otras relaciones. Pierden empleos, ministerios y profesiones. Pierden fuerzas, propósito y libertad. Además, esos hombres pierden el yo externo y la identidad pública que se esfuerzan tanto por establecer y conservar. Después de un aterrizaje forzoso desde sus propias implosiones internas, quedan tirados en el suelo.

Por supuesto, cuando experimentamos tales pérdidas también afectamos a esposas, hijos, amigos, congregaciones y comunidades. Todo el mundo pierde cuando de pornografía se trata. Es tentador pensar que no hay nada malo con un hábito pornográfico, y que nadie sale herido. Creemos estar protegiendo a nuestras esposas al no contarles el problema. Creemos estar aportándonos algunos minutos de vacaciones de la variedad de factores estresantes de nuestra época. Por mucho que justifiquemos o racionalicemos el asunto, en dos décadas de consejería ningún individuo me ha dicho que la pornografía lo convirtió en mejor hombre, esposo, padre, empleado, ministro o amigo.

En medio de sus historias de pérdidas, regularmente oigo a hombres decir dos cosas. Primera: «Estoy cansado de lo poco que ofrece la pornografía». A pesar de nuestra atracción dada por Dios hacia la forma femenina y de nuestra propensión hacia la estimulación visual, la pornografía nos deja vacíos. Estamos cansados del uso, del engaño, del ocultamiento, y del daño a nuestras almas. Principalmente estamos cansados de buscar compulsivamente algo que promete tanto pero que entrega tan poco. Es como despertar una mañana de Navidad día tras día, ansiosos por abrir el regalo con que hemos soñado todo el año, solo para descubrir una caja vacía debajo de la colorida envoltura y el moño.

El segundo comentario que oigo a los hombres es: «Estoy cansado de la interminable batalla con la lujuria». Una lucha que muy a menudo conduce a la derrota. Copiando de las instrucciones en el envase de champú, lo llamo el ciclo «enjabonar, enjuagar, repetir». Primero, el asunto empieza con quedar limpios... con verdadero remordimiento y arrepentimiento sincero. Prometemos a Dios que no volveremos a ir allá. Luego, por motivos que no comprendemos de veras, volvemos a ir allá. Finalmente, cuando nuestra vergüenza nos abruma, o quizás al ser descubiertos, nos volvemos a limpiar. Pero esta vez le contamos a alguien y hallamos un mentor. Por último nos comprometemos a seguir una nueva estrategia, redoblando nuestros esfuerzos, tratando incluso de ser más firmes, revisando el asunto más a menudo con nuestro mentor, y quizás leyendo más la Biblia. Eso es enjabonar, enjuagar, repetir... con el énfasis en repetir. Y lo más triste de este ciclo es que la mayoría de hombres no ven alternativa. Aparentemente estamos estancados con dos decisiones: suprimir nuestras pasiones o darnos por vencidos y gratificarlas. Sabemos en nuestros corazones que la pornografía no es lo mejor de Dios para nuestras vidas. Pero al fervor del momento parece como si no hubiera nada mejor que la porno. *Necesitamos desesperadamente otra manera de vivir.*

El evangelio (las buenas nuevas vivificantes de Jesucristo) nos presenta otro camino. Sin embargo, ¿por qué no logramos ver la relación entre nuestras luchas con la pornografía y la promesa de libertad que Jesús ofrece? *Creemos* que el evangelio puede hacernos libres, pero no tenemos idea de cómo puede suceder esto. *Creemos* que todo lo podemos por medio de Cristo que nos fortalece, pero con demasiada frecuencia esto equivale a que Jesús nos ayuda a flexionar nuestros músculos morales mientras trabajamos en equipo a fin de echar por tierra el problema. Para la mayoría de hombres que intentan seguir a Jesús, relacionar el poder de la gracia de Dios con la lujuria y la pornografía sigue siendo un misterio.

Si estás leyendo este libro, tal vez estés batallando con pornografía, tratando de evitarla, o quizás te preocupas por alguien más que está en la lucha. Si estás perdiendo la batalla, por favor lee detenidamente: *seguir a Jesús consiste en mucho más que no darse por vencido hasta quedar exhausto*. Tú puedes ser libre. Dios ha trazado un sendero hacia la libertad, por el cual han caminado hombres delante de ti. Puedes descubrir esta senda que te lleva a la auténtica transformación del alma, una ruta que consiste en mucho más que manejar el pecado. También debes saber que tu alma masculina es más profunda y más veraz que tu deseo por ver pornografía. Parte de ti ansía caminar íntimamente con el Señor. Quieres ser como David, el hombre conforme al corazón de Dios, quien escribió: «Por el camino de tus mandamientos correré, cuando ensanches mi corazón» (Salmos 119.32).

Si estás tratando de no caer en la trampa de la pornografía, también te tengo buenas noticias. Puedes caminar por la senda de la sabiduría, de modo que tu corazón se sienta apasionado y vivo. Y si te preocupas por alguien que está en la lucha o que intenta evitarla, por medio de este libro encontrarás conocimiento y comprensión que te ayudarán a identificar los verdaderos asuntos que contribuyen a las luchas sexuales, a fin de que puedas brindar gracia, esperanza y guía.

En la primera parte de esta obra descubrirás por qué la lucha con lo pornográfico en realidad no tiene que ver con el sexo. También identificarás las razones equivocadas que los hombres dan en cuanto a por qué batallan con pornografía. Además comprenderás que lo que lo pornográfico ofrece está muy por debajo de lo superficial. Finalmente, conocerás los siete deseos dados por Dios que yacen debajo de la lucha que los hombres tienen con la pornografía.

En la siguiente sección te enterarás por qué es tan difícil liberarse de la pornografía. También descubrirás por qué nuestro quebrantamiento es esencial en el trayecto de la lujuria hacia el amor. Luego, en la discusión acerca de las raíces espirituales de la adicción verás las conductas que evitamos, el control del dolor, y cómo esto se relaciona con el uso de pornografía. Además explorarás la naturaleza de la vergüenza y cómo puedes vencerla. Por último, analizaré el ciclo común de cómo los hombres quedan atrapados en la pornografía.

El tercer segmento tiene que ver con la parte divertida. En esta sección podrás desenterrar el tesoro perdido del evangelio. Al descubrir la realidad de tu nuevo corazón en Cristo comprenderás que

Dios nos ha concedido deseos que van más profundamente que cualquier anhelo por porno. Como guerrero espiritual reconocerás la necesidad de batallar contra la oscuridad. Además podrás establecer un entendimiento claro de cómo la pornografía te trastorna tanto el cerebro como la capacidad para intimar.

La última sección lo reúne todo. Leerás respecto a la senda específica hacia la libertad y la plenitud. Esto incluye aprender acerca de la vida de Cristo dentro de ti y de cómo esta se nutre por medio de estar a solas y atentos. Aprenderás a cuidar tu alma y conocer en maneras saludables esas profundas necesidades dadas por Dios. Finalmente comprenderás los patrones del Señor para lograr el cambio.

Existen muchos enfoques para curar comportamientos sexuales compulsivos como la adicción a la pornografía. Al ofrecer mi sistema no me dedico a criticar los enfoques de otras personas. Desde grupos de doce pasos hasta programas de sanidad interior, desde mentores hasta grupos de hombres que buscan integridad sexual, Dios usa una variedad de recursos para producir sanidad. Mi propósito aquí es describir en términos bíblicos y espirituales un sendero por recorrer que podrá añadir a cualquiera de estos otros sistemas, o sostenerse por sí solo.

El problema con la pornografía es real. Pero el afán de Dios por obrar en nuestros corazones y producir sanidad es fundamental en cuanto a lo que creemos como seguidores de Jesús. Una de las principales razones de que el evangelio sea buenas nuevas es que Dios tiene una forma única de tomar las mismas luchas que se han vuelto obstáculos para conocerlo más íntimamente (como lidiar con pornografía) y convertirlas en puentes. ¿Estás listo para tomar esta barrera de la pornografía y permitir que se convierta en un puente hacia la vida?

Cómo volver a conseguir tus plumas

A veces Dios trae a nuestras vidas regalos que nos hacen
sangrar las manos cuando abrimos el paquete. Pero en el
interior descubrimos lo que hemos estado buscando toda
nuestra vida.

—SHEILA WALSH

REDADA DEL FBI EN PROSTÍBULOS

Escalofríos me recorrieron la espalda mientras inhalaba profundamente. Nunca esperé ver este titular en la página principal del *Cleveland Plain Dealer*. Una importante operación encubierta hecha a un local de servicio de prostitución causó un gran revuelo noticioso porque estaban involucrados varios atletas profesionales conocidos. El FBI había confiscado el librito negro del propietario, completo con nombres y detalles íntimos de clientes. Mi nombre estaba oculto en ese pequeño libro negro.

Al instante mis peores temores se hicieron realidad. Con solo veinticuatro años de edad mi secreta vida inmoral, la cual me había esforzado mucho en encubrir, estaba a punto de quedar al descubierto: mi adicción a la pornografía y mis frecuentes viajes a cabinas de videos para adultos en librerías. Mi promiscuidad, incluyendo escapadas a clubes de las que ninguno de mis amigos o compañeros en el ministerio tenía idea. El abuso de alcohol que cada vez se volvía más necesario para acallar mi vergüenza, depresión y odio por mí mismo. Las salas de masaje. Los clubes de nudistas. Los interminables cruceros en busca de sexo por dinero en calles oscuras. Y finalmente, los servicios de acompañamiento, un inocente y atractivo eufemismo para favores de prostitución de precio elevado que yo no podía pagar pero que tampoco podía dejar de usar.

En pánico total mi imaginación se lanzó a toda marcha. Pensé en las consecuencias legales. Imaginé mi ficha policial en el periódico. Me vi con esposas y traje anaranjado de presidiario, parado delante de un juez. Me vislumbré encerrado entre rejas, acorralado por una banda de enfurecidos y tatuados compañeros de celda. Entonces imaginé a mis amigos y familiares y todas las preguntas que me dispararían. ¿Quién es este Michael que no conocíamos? ¿Cómo pudiste hacer cosas tan repugnantes? Vaya, ¿qué clase de persona eres? Me hacía todas estas preguntas mientras proyectaba mi vergüenza y ansiedad sobre mis seres amados.

De algún modo soporté descuidadamente ese calamitoso día, aunque supe que las ardientes náuseas en mi estómago nunca se irían. Me sentía totalmente aislado. No podía confiar en nadie con mi historia. Sin embargo, con la posibilidad de que esta noticia se hiciera pública, supe que debía hablar con alguien. Esa noche telefoneé a mi hermana y le pedí que se reuniera conmigo. Sentado en el auto de ella en un estacionamiento vacío solté mi historia mientras me fluían lágrimas y el rostro me ardía de vergüenza. Después de brindar inmensa gracia y bondad, mi hermana me dio el número telefónico de un consejero cristiano. La mañana siguiente llamé por teléfono e hice una cita.

Veinticuatro horas pasaron volando. Me senté en la sala de espera del consejero. Al cabo de una hora se abrió la puerta y salió Mike. Al evaluar al sujeto me di cuenta que no cumplía mis expectativas para un consejero. Por un lado, el tipo era alto y varonil, no como los psiquiatras de aspecto neurótico y modales suaves que aparecían en la televisión. El hombre me hizo un gesto hacia el santuario interior de su despacho, donde nerviosamente hice un chiste respecto a derrumbarme en el sofá, al estilo freudiano. Esperé al menos una risita, o alguna clase de reacción, pero Mike tan solo se sentó en la silla, impasible.

—¿En qué puedo servirle? —preguntó sin ningún preámbulo, mirándome directamente a los ojos.

Este tipo no pierde el tiempo, pensé. *Un poco de cháchara sería agradable antes de divulgar toda la información.* No obstante, yo tampoco estaba allí para perder tiempo. Así que me armé de valor y le dije cosas que nunca había dicho a otro ser humano. Durante más de cuarenta y cinco minutos hablé sin parar, con un aire de valentía y plática ingeniosa que hacía mucho tiempo había dominado ante situaciones como esta. Con una sonrisa en mi rostro, y en mi mejor imagen de narrador, le hablé del abuso sexual que recibí durante mi infancia. El hombre se enteró de mi temprana exposición a la pornografía y de mi adicción a revistas y videos pornográficos, galerías de videos para adultos, y salas de masajes. Le confesé mi historia con prostitutas y servicios de acompañamiento. A lo largo de toda la narración el hombre simplemente escuchaba como si nada de esto le sorprendiera.

Hablé como si Mike y yo fuéramos viejos amigos que nos tomábamos una cerveza, haciendo bromas y contando chistes que creí que lo harían reír. Pero no pude obtener ningún tipo de respuesta, aparte de su firme, amable e inconmovible presencia. Después de escuchar por casi una hora, levantó visiblemente la mano, miró su reloj, y pronunció sus primeras palabras desde que me preguntara cómo podía ayudarme.

—Casi no nos queda tiempo. Me gustaría ofrecer unas pocas ideas.

El asunto tiene que ver con tiempo, pensé. Es muy desconcertante hablar durante cincuenta minutos acerca de cosas que nunca he contado a nadie, sin oír ninguna respuesta. Escuché su veredicto.

—Tengo un comentario y una pregunta —comenzó diciendo—. Primero el comentario: *usted me parece un hombre muy solitario.*

Siete palabras, pero sacaron de mi interior el aire emocional. Mi lenguaje corporal y mi expresión facial no cambiaron, pero un remolino de emociones desagradables surgió dentro de mí. No estaba seguro de por qué, pero quise salir de ese salón. Entonces Mike continuó.

—Y ahora mi pregunta —manifestó con total gentileza—. *¿Se queda todo el tiempo sin saber qué decir?*

Si su comentario me dejó sin aliento, su pregunta envolvió las manos alrededor de mi tráquea. De pronto yo no podía respirar. *¿No* *es eso total y socialmente inapropiado?*, pensé de modo reflexivo. Pero en el fondo yo sabía que el hombre me había pillado. Después de menos de una hora juntos, este desconocido pronunció dos frases que pusieron al descubierto mi corazón herido y obstinado. Con precisión asombrosa resumió algo respecto a mí que yo sabía que era cierto, pero que no podía admitir. Oculto bajo la apariencia sutilmente elaborada de cristiano estaba un niño-hombre intensamente solo. Me sentí incómodo en mi propia piel como un impostor cualquiera y de cualquier época. Yo era un hombre vencido.

Mi vida demostraba la afirmación del escritor Gerald May de que el autoengaño es una de las principales características de la adicción.[1] Te podría parecer extraño que en todos los años de mi lucha con el pecado sexual nunca me viera como un hombre derrotado. Pero la derrota era precisamente lo que yo no podía reconocer y lo que intentaba evitar, esforzándome despiadadamente más y más en ocultar las grietas del alma.

Es más, poco después de convertirme en cristiano escribí en la portada interior de mi Biblia una frase atribuida a Charles Spurgeon: «Una Biblia que se está cayendo a pedazos por lo general es propiedad de alguien a quien no le ocurre lo mismo». Allí mismo, en letras grandes y todas en mayúsculas, establecí la principal regla para mi fe en ciernes. No caer a pedazos. No mostrar debilidad. Ser sólido, cueste lo que cueste. El mensaje de Spurgeon era claro en mi mente. Una vida quebrantada (que se está cayendo a pedazos) y una vida de intimidad con Dios eran incompatibles. Por tanto me puse a leer mi Biblia hasta que esta estuvo muy manoseada y se caía a pedazos, con la esperanza oculta de que mi misma vida destrozada fuera sólida. Pero entonces perdí mis plumas y descubrí que ya no pude volar.

Nunca olvidaré la primera vez que hice un esfuerzo serio para volver a tener mis plumas y así poder volver a volar. Un día en mi tercer año de secundaria, con total sinceridad y un verdadero deseo de honrar a Dios, tomé una decisión: la pornografía y la masturbación ya no serían parte de mi vida. Como reciente seguidor de Jesús, tomé la decisión de limpiar la suciedad. Cuando no había nadie más en casa, saqué de debajo del colchón mi montón de revistas de pornografía cruda y las llevé al incinerador del sótano donde quemábamos nuestra basura.

Con una mezcla de ansiedad y orgullo abrí el incinerador, coloqué adentro las revistas, y me despedí de mis luchas con la lujuria, la masturbación y la pornografía. Prendí un fósforo y lo acerqué a la foto de una chica que ardía con la feroz intensidad que ella solía encender en mí. Cuando cerré la tapa del incinerador imaginaba que mi pecado compulsivo se esfumaba con el papel en que estaban impresas esas ilícitas imágenes. Poco después revisé para asegurarme que esas imágenes se habían quemado por completo, pues no quería que alguien descubriera mi vergonzoso secreto. Lo único que quedaba era un montón de cenizas grises. Sentimientos de alivio y esperanza surgieron dentro de mí en una manera que nunca había experimentado. Este fue el desenlace.

Es probable que imagines lo que aconteció después. Meses más tarde repetí el mismo patrón, pero con un nuevo alijo de pornografía. Yo esperaba volver a tener mis alas. En lugar de eso descubrí una vez más que no podía volar.

TODOS NOSOTROS COMPARTIMOS UNA BATALLA BIPOLAR

Al escuchar a miles de hombres (amigos, conocidos, estudiantes y clientes) he oído mil variaciones de cómo enviar nuestras luchas en medio del humo, solo para descubrir que después de que el humo se ha disipado, la lucha aún sigue escondida en las cenizas. En la época de mi vieja PC (pre-computadora), los hombres trataban de botar cintas de video o de quemar revistas. Hoy día borran sus discos duros saturados de pornografía o destruyen su alijo oculto de discos. Sus esfuerzos vienen de profundos e importantes compromisos de verdadera rendición, solo para volver a la masturbación y la pornografía. Luego viene la aparición de mayor vergüenza, sentimientos de culpa, alejamiento de Dios, y pérdida de confianza, intimidad y pasión. Finalmente sucumben.

Sus pasiones fluctúan como un péndulo. Primero oscilan hacia el patrón conocido de lujuria que lleva al pecado sexual. El poder de la belleza erótica se vuelve tan irresistible que arriesgan cualquier cosa y todo lo necesario para conseguirla. Después esas pasiones oscilan hacia un verdadero deseo de andar con Dios y seguir sus sendas, y de ser mejores esposos y padres, hombres dignos de respeto. El asunto va y viene. Las Escrituras tratan esta lucha bipolar con asombrosa claridad. El apóstol Pablo nos entregó una descripción sincera de nuestra batalla con el pecado. Aunque él no se estaba refiriendo directamente al pecado sexual, su descripción del dolor, la vergüenza, la confusión y la impotencia resuena universalmente:

> Lo que hago, no lo entiendo; pues no hago lo que quiero, sino lo que aborrezco, eso hago. Y si lo que no quiero, esto hago, apruebo que la ley es buena. De manera que ya no soy yo quien hace aquello, sino el pecado que mora en mí. Y yo sé que en mí, esto es, en mi carne, no mora el bien; porque el querer el bien está en mí, pero no el hacerlo. Porque no hago el bien que quiero, sino el mal que no quiero, eso hago. Y si hago lo que no quiero, ya no lo hago yo, sino el pecado que mora en mí. Así que, queriendo yo hacer el bien, hallo esta ley: que el mal está en mí. Porque según el hombre interior, me deleito en la ley de Dios; pero veo otra ley en mis miembros, que se rebela contra la ley de mi mente, y que me lleva cautivo a la ley del pecado que está en mis miembros. ¡Miserable de mí! ¿Quién me librará de este cuerpo de muerte? (Romanos 7.15–24)

Pablo bien podría haber estado leyendo nuestro correo electrónico. En realidad, al contar sus propias luchas captó brillantemente el funcionamiento interior del alma humana: la batalla entre la carne y el espíritu, el viejo y el nuevo hombre, lo bueno y lo malo, y la diferencia entre lo que deseamos y aquello con lo que nos conformamos. La batalla no era exclusiva en Pablo, y tampoco lo es para todo aquel que lucha con la pornografía y el pecado sexual. Pero la confesión auténtica y vulnerable del apóstol nos asegura que tal batalla no significa automáticamente que seamos incrédulos o inmaduros espirituales. La intensidad de nuestra lucha, que se siente abrumadora, no invalida nuestra fe.

A decir verdad, identificar esta lucha y reconocer nuestra incapacidad para manejarla nos ofrece los esperanzadores elementos fundamentales de una creencia creciente y de verdadera madurez. Por supuesto, no podemos permanecer estancados en esta posición que describe Pablo. Pero nadie desea permanecer atado a la cuerda elástica de la actuación y de esforzarse más en hacerlo mejor... terminará recibiendo un latigazo espiritual. No, según el apóstol estamos creados para más que este ciclo de redención y vuelta al problema; él solo estaba describiendo tres cuartos del mensaje en el pasaje que le acabo de dar. Su punto crítico brinda la esencia de las buenas nuevas: podemos ser libres por medio de «Jesucristo Señor nuestro» (v. 25).

FUISTE DISEÑADO PARA MÁS

¿Te has preguntado alguna vez qué hace que determinado acto sea pecaminoso y que otro acto no lo sea? ¿Por qué es malo mentir? ¿O matar? ¿O cometer adulterio? ¿Quién dice que ver pornografía es mala cuando nuestra cultura intenta reasegurarnos que es natural y normal? Es más, basados en el consumo popular y en la industria de diez mil millones de dólares que genera, ¡eres anormal si no ves pornografía!

Una manera de pensar en cuanto a por qué algo es pecaminoso es responder: «La Biblia dice que eso está mal». Aunque esto es cierto, Dios puso en su Palabra qué hacer y qué no hacer porque eso revela algo mucho más profundo respecto a nosotros. Cuando él nos ordena que no cometamos adulterio nos está diciendo que hacerlo va contra nuestro diseño. «No cometas adulterio» es la versión del Señor de «No te cepilles los dientes con una tostadora», o «No ases churrascos sobre un bloque de hielo». De este modo simplemente no se consigue el propósito buscado. Como navegar los siete mares en una camioneta Chevrolet... no lograrías realizar el proyecto, y te pondrías en gran riesgo.

Considera la pornografía de este modo. ¿No sería más bien extraño que un piloto entrenado de combate no saliera del hangar por temor a no saber cómo volar el avión? O piensa en un dotado escultor que nunca levanta el martillo y el cincel porque no logra hallar el bloque perfecto de mármol. ¿Y si un beisbolista de las grandes ligas no se presentara al entrenamiento porque pasa todo su tiempo jugando béisbol en su Xbox? ¿O un maestro constructor de buques que nunca navega en mar abierto porque su fantasía de las condiciones perfectas de navegación lo mantiene en tierra firme? Igual pasa con la pornografía. Nos seduce con la imagen o fantasía de estar con una mujer, mientras nos impide ser capaces de comprometernos con una mujer *real*. La pornografía nos impide hacer volar el avión, participar en el juego, o navegar en alta mar. Todo porque nos conformamos con algo que no existe y que nunca nos satisfará.

¿Cómo entonces la pornografía va contra nuestro diseño masculino y sabotea el sueño del Señor de que vivamos nuestras verdaderas identidades? C. S. Lewis enfocó la esencia de esta pregunta cuando escribió acerca del daño que la fantasía sexual causa al alma (sea a través de la masturbación o la pornografía) y lo que él llama «mujeres imaginarias». Lewis describió así a estas mujeres imaginarias: «Siempre accesibles, siempre serviles, no exigen sacrificios ni adaptaciones, y pueden estar dotadas de atractivos eróticos y psicológicos con los que ninguna mujer real puede competir. Entre todas esas novias en la sombra, el hombre siempre es adorado, siempre es el perfecto amante; no se le hace ninguna exigencia ni se le impone ninguna mortificación a su vanidad».[2]

Lewis comenzó con la suposición de que el sexo es bueno, no malo, un obsequio para ser disfrutado dentro de los límites diseñados por el Creador. También se expresó contra la situación general de que «la principal labor en la vida es elevarnos y salir de nosotros mismos». Lewis supuso que el Señor nos diseñó para madurar y enfocarnos menos en nosotros mismos y más en amar a otros. Cuando nos fijamos en la pornografía optamos por permanecer egoístamente anclados a nuestro propio placer por sobre todo lo demás. Cuando nos preocupamos en satisfacer nuestras propias necesidades y hacemos caso omiso de las necesidades de otros (en este caso, de nuestras esposas, mujeres de carne y hueso, y no de alguna modelo de Photoshop) entonces sofocamos nuestro crecimiento espiritual. Lewis resumió de este modo el problema con la pornografía: «Al final [las mujeres imaginarias] se convierten en el medio a través del cual el individuo se adora cada vez más. Después de todo, la principal labor de la vida es salir de nosotros mismos, de la pequeña y oscura prisión en la que todos nacemos. [...] Es necesario evitar todo lo que retrase este proceso. El peligro está en llegar a amar la prisión».[3]

Lewis nos invita a recordar para qué fue creado el hombre: nuestro anhelo más profundo es conocer a Dios en el centro de nuestro ser, y salir de ese lugar para ofrecernos por el bien de los demás. San Agustín[4] enseñó acerca de la idea teológica de *incurvatus in se*, una vida replegada en sí misma. La pornografía logra esto con éxito: hace que nuestra alma se repliegue en sí misma en ensimismado aislamiento y vergüenza. Esto disminuye nuestras almas. Seduce al hombre a usar una mujer para suplir una necesidad en sí mismo, sin suplir ninguna de las necesidades de ella. Y este acto de «usar» no solo llega a expensas de la mujer sino también del devastador costo del propio corazón del hombre. No comprendemos el precio que pagamos hasta que nos sentimos vacíos y en bancarrota interior.

Fuimos creados para algo más grande que nosotros mismos. Fuimos creados para *excurvatus in se*, una vida enfocada hacia afuera. No externa como en ser codependiente o mártir. No morir al yo en una manera en que se nieguen las necesidades legítimas, sino en una vida que fluye de una fuente profunda. Una vida que lleve fruto. Una vida enfocada hacia afuera resalta, edifica y hace que el corazón florezca. Donald Miller ha sugerido que somos árboles en la leyenda de un bosque. Y esa leyenda del bosque es mejor que la historia de los árboles.[5] La pornografía pervierte y desmiente esta idea con imágenes titilantes que nos invitan a vivir como si la historia de los árboles fuera la única historia, y la historia del bosque no existiera.

El propósito de este libro es ir más allá de la estrategia común de «Simplemente no lo hagas» en cuanto a manejar el pecado. Juntos exploraremos la verdad de cómo estás destinado a vivir y de cómo puedes llegar allí, a fin de que puedas disfrutar una vida nueva y mejor en el bosque. Te invito a dejar de mirar imágenes de F-18 en combate y buques en alta mar, o de jugar béisbol en tu Xbox, en vez de saborear la realidad de un verdadero diamante de béisbol. Haremos mucho más que eso. Descubrirás la emoción de entrar al juego, volando el F-18, y navegando el buque, para que la pornografía y la lujuria pierdan el asidero en tu alma.

Por favor, lee con cuidado: la verdad más profunda respecto a ti es que *eres* el piloto del F-18, creado para combatir. Dios te diseñó para ser un héroe, para que enfoques tus fuerzas y tu valor a favor de algo y alguien más grande que tú mismo. *Eres* el jugador de béisbol de las grandes ligas, creado con habilidades ofensivas y defensivas para entrar al partido con un equipo conformado por otras personas más, en una misión común. El Señor te diseñó de manera particular para ganar partidos. Para golpear jonrones. Para robar bases. Dios te escogió para jugar en su equipo.

CÓMO DESCUBRIR UN DESEO MÁS PROFUNDO

En una helada noche invernal en 1994, mi adicción a la pornografía y al sexo ilícito aún me tenía firmemente atrapado. Esa noche, obsesionado con mi próxima dosis, comencé mi típico ritual de actuar de modo sexual. Me senté en un conocido estacionamiento de una librería XXX, preocupado por la rutina que estaba a punto de realizar aunque la había ejecutado más veces de las que podía recordar. Yo tenía una hermosa esposa en casa, pero ella era lo último en mi mente.

A menos de una cuadra de la tienda pornográfica se hallaba la Catedral de la Inmaculada Concepción, un edificio espectacular que albergó al papa Juan Pablo II a principios de ese año. Sin previo aviso me inundó un impulso de entrar a esa casa de adoración. Caminé hacia la catedral, subí los elevados escalones, y abrí la puerta de roble monolítico. El sitio estaba vacío a excepción de un custodio que trapeaba el piso cerca del altar.

Me senté en la última fila de bancas. El espacio y el silencio eran aterradores. Yo no recordaba cuándo fue la última vez que había estado solo y pensando en mi mundo interior. Después de unos minutos de intentar orar me puse de pie y fui al rincón trasero, donde había docenas de veladoras sobre una mesa. Haciendo acopio de la poca fe que tenía prendí un fósforo para encender una veladora. No sentí nada mágico y sin duda ninguna expectativa de que mi acción hiciera desaparecer de repente mis luchas. Sin embargo, me volví a conectar con algo que había perdido: mi mejor yo, mi verdadera identidad. Mientras levantaba la llama hacia su objetivo, expresé una oración que venía directamente de mi corazón sincero: «Señor, deseo más. Quiero más. Anhelo más».

Entonces regresé a la banca y garabateé algunas reflexiones en mi diario. En ese momento el edificio representaba una metáfora para mi alma... algo vacío, en penumbras, desconectado de los demás. Al mismo tiempo, la estructura era gloriosa. Sus contrafuertes y sus ventanas con vitrales apuntaban hacia algo más grande en lo alto, hacia algo más allá. Quizás yo era como esta catedral: destrozado y glorioso a la vez. Tal vez no era demasiado tarde para que yo tuviera esperanza.

2

No tiene nada que ver con sexo

No es el grito de la pornografía lo que le da tanto poder sobre los hombres. Es el susurro de la mentira.

—WILLIAM STRUTHERS, *WIRED FOR INTIMACY*

Parado al borde del abismo, Frodo se prepara a completar su misión de salvar a la Tierra Media. Después de poner en riesgo la vida y de luchar contra inconcebibles posibilidades, queda una tarea: destruir el célebre Anillo de oro lanzándolo a los fuegos de Mordor. La destrucción del Anillo romperá su poder y liberará a la Tierra Media de las garras de las tinieblas. No hay problema, ¿verdad?

La escena aparece en *El retorno del Rey*, de J. R. R. Tolkien, la última entrega de su trilogía *El Señor de los anillos*. Sea que hayas leído los libros o visto la serie de películas, sabes que el Anillo no es una pieza ordinaria de joyería. Contiene fuerzas irresistibles; quienes lo contemplan son cautivados en seguida. Muchos han matado o han muerto en su intento de poseer el tenebroso poder.

Así que Frodo, un improbable pequeño Hobbit, se encuentra encargado de destruir el Anillo. Parado por encima de las llamas líquidas experimenta algo totalmente inesperado. A pesar de la buena intención, después de que hubo peleado la buena batalla, el Anillo ahora *lo* cautiva. En el fervor del momento, el poder seductor de la joya entra en él y el hombre se niega a lanzarlo al fuego. Frodo sabe que *debe* hacerlo y por qué *debería* hacerlo. Entiende que el cumplimiento de su misión, y que un sinnúmero de vidas, penden de un hilo. Pero simplemente no puede dejar caer el Anillo.

Mientras tanto Sam, su mejor amigo y fiel compañero en el viaje, presencia la lucha. Retrocediendo con incredulidad, Sam grita a todo pulmón que lance el Anillo al fuego. Pero Frodo no puede renunciar a él. La fuerza que motivó su misión lo mantiene cautivo ahora.

Tú y yo estamos atrapados en la misma lucha que Frodo, pero el poder de la pornografía está lejos de ser mítico. Igual que el personaje, se nos ha dado una misión importante de proporciones épicas y significado eterno. Se nos ha encargado amar a Dios y a los demás para que el reino del Señor se vuelva más real en nuestros corazones y en el mundo que nos rodea (Mateo 22.37–40). En lo profundo de nuestros corazones deseamos cumplir la misión y cortar los poderes de las tinieblas. Pero nos descubrimos cediendo ante algo «menos que» una falsificación: pornografía.

¿POR QUÉ SIMPLEMENTE NO PUEDES SOLTAR EL ANILLO?

Casi nadie despierta una mañana y decide que quiere cruzar sus propios límites, violar sus valores, y engañarse y engañar a todos a su alrededor. Pero para muchos de nosotros eso es exactamente lo que ocurre. Me sucedió a mí. Por tanto, permíteme hacerte una pregunta. Si participas en esta batalla, ¿por qué no puedes *tú* lanzar al fuego el anillo de la pornografía? Y si, igual que yo, lo has lanzado al fuego, derritiéndolo en las llamas, ¿por qué este se la pasa surgiendo como, el Ave Fénix, de entre las cenizas?

Ahora mismo, ya sea que lo sepas o no, una creencia profundamente arraigada explica tu preocupación por la lujuria y la atracción a la pornografía. ¿Por qué lo pornográfico ejerce tan grande poder sobre ti? ¿Por qué sucumbes? Tal vez atribuyas tus compulsiones a un impulso sexual que está en pleno apogeo. *Si yo no fuera tan ardiente todo el tiempo, no lucharía de este modo. Pero bueno, no puedo cambiar mis impulsos sexuales.* Quizás atribuyas tu lucha a la falta de deseo o interés de parte de tu cónyuge en la intimidad sexual. *Si mi esposa fuera más ardiente o hiciera lo que me excita, si ella simplemente se soltara y se desinhibiera más, entonces yo no necesitaría ver porno. Es* posible que creas que tu lucha con la pornografía provenga de la apariencia de tu esposa o de su falta de atractivo ante tus ojos. *Si mi esposa perdiera peso, se hiciera un implante de senos, o se vistiera más sexi, yo estaría más interesado en ella.* Probablemente atribuyas tu lucha a una falta de fuerza de voluntad. *Si yo pudiera ser más disciplinado y estar más centrado, sé que podría vencer esto. Si me esforzara realmente más, renunciaría a la pornografía.*

O tal vez hayas concluido que si fueras una persona más espiritual, entonces la pornografía no sería problema. *Si leo más mi Biblia, oro más, y me enfoco más en Dios, entonces él me ayudaría a evitar esta tentación.* O quizás enmarques tu batalla como una ausencia de rendición de cuentas. *Si yo conociera más personas en quienes pudiera confiar, individuos que entiendan de veras lo que se siente, hombres a quienes pudiera hablar de la situación, entonces sé que podría controlar esto.*

Cualquiera que creas que sea la causa, oro porque al final de este libro comprendas que tus luchas con la lujuria y la pornografía realmente no tienen nada que ver con sexo. Espero que entiendas que la compulsión hacia lo pornográfico supera con creces la emoción del orgasmo o el aprecio por las proporciones corporales de una mujer. Involucra mucho más que observar una nueva posición sexual estimulante o un cónyuge más ardiente o más provocativo. De igual modo, comer en exceso no tiene nada que ver con comida; algo más obliga al adicto a consumir toda una bolsa de chocolates de un tirón. Comprar de modo compulsivo tiene mucho que ver con algo más que la necesidad de cosas que poner en nuestros garajes o clósets. Así también nuestras lujurias sexuales y nuestras preocupaciones con la pornografía involucran más que cuerpos desnudos o sexo ilícito.

ENTONCES, ¿DE *QUÉ* SE TRATA?

Hace dos mil años un pastor llamado Pablo ofreció guía a una iglesia sexualmente confundida y lacerada, que estaba bajo su cuidado en la ciudad mediterránea de Corinto: «¿O no sabéis que el que se une con una ramera, es un cuerpo con ella? Porque dice: Los dos serán una sola carne» (1 Corintios 6.16). El apóstol estaba explicando a estos hombres y mujeres involucrados en adulterio, prostitución y prácticamente todas las demás clases de pecado sexual: «Lo que ustedes están haciendo en realidad no tiene nada que ver con sexo». Más allá de lo evidente, cuerpos que buscan y experimentan placer, todos buscamos algo que no podemos ver, tocar o comprender en el nivel físico.

Esta verdad es totalmente profunda. Entenderla nos ayuda a comprender por qué nuestra sexualidad puede ser tan compulsiva. Si buscamos en el nivel físico lo que solamente se puede obtener en un nivel espiritual, entonces nos preparamos para un ciclo interminable que lleva solo a desilusión, desesperación y esclavitud.

Así que si el sexo es tanto un misterio espiritual como un placer físico, ¿qué nos dice eso entonces? G. K. Chesterton escribió hace casi un siglo que el hombre que toca a la puerta de un burdel está llamando a Dios. Si Chesterton estuviera escribiendo en la actualidad podría decir que el hombre que busca pornografía en la web está buscando a Dios. Por ello, esta verdad significa que el sexo es una señal por la búsqueda de Dios. También nos indica la forma en que él nos diseñó como seres sexuales; cuando estamos más alineados con este diseño e intención somos más poderosos y completos, y nos sentimos más realizados.

Quizás hayas oído el dicho de que la relación sexual en un matrimonio es un barómetro para la relación en general. Cuando esposo y esposa disfrutan de una sana conexión emocional, relacional y espiritual, la mayoría de las veces sigue buena relación sexual. De igual modo, el apetito sexual de un hombre es un barómetro para lo que está sucediendo dentro de su corazón. Tu apetito sexual se compone de más que de testosterona y acumulación de fluido seminal que presiona para ser liberado biológicamente, y de más que ser visualmente estimulado y sentirse excitado. La excitación sexual es una acumulación de tus experiencias, necesidades profundas, y creencias inconscientes. Tu corazón comparte una conexión profunda hacia tus partes corporales. La manera en que te excitas sexualmente refleja lo que está ocurriendo en lo profundo de tu alma, más allá de tus órganos sexuales. Realmente el sexo es tanto un misterio espiritual como un acto físico. La realidad es que tu corazón necesita algo, y la pornografía promete suplir esa necesidad.

LAS PROMESAS INCUMPLIDAS
DE LA PORNOGRAFÍA

Frodo no gritó: «¡El Anillo es mío!» porque tuviera una afinidad especial por las joyas. Esa alhaja le prometía algo: infinito poder y control definitivo. Igual que todos los ídolos, la pornografía nos promete algo que deseamos. En realidad, promete demasiado y da muy poco.

Para entender esto más a fondo revisemos el resbalón original engañoso del pecado que llevó a ceder a los corazones humanos. En el jardín del Edén vemos claramente que Adán y Eva no desobedecieron al Señor porque despertaran una mañana en el lado equivocado de la cama. Tampoco comieron del fruto prohibido porque no se estuvieran responsabilizando uno por el otro. Algo más profundo e imperioso estaba pasando que hizo a la fruta prácticamente irresistible.

> Entonces la serpiente dijo a la mujer: No moriréis; sino que sabe Dios que el día que comáis de él, serán abiertos vuestros ojos, y seréis como Dios, sabiendo el bien y el mal. Y vio la mujer que el árbol era bueno para comer, y que era agradable a los ojos, y árbol codiciable para alcanzar la sabiduría; y tomó de su fruto, y comió; y dio también a su marido, el cual comió así como ella. (Génesis 3.4–6)

Eva no solo tomó el fruto y se lo dio a su esposo porque ella estuviera especialmente débil ese día o porque no tuviera su tiempo a solas esa mañana. La serpiente sugirió que Dios no estaba diciendo la verdad, y como resultado parece que Eva comenzó a cuestionar si el Señor era realmente quien afirmaba ser. Después de todo, la serpiente insinuó que si Dios le dijo a la mujer algo que no era cierto («moriréis»), ¿cómo podía ella confiar en el Señor con relación a no comer la fruta?

Oswald Chambers afirmaba que todo pecado está arraigado en la sospecha de que Dios no es realmente bueno.[1] Eva comió del fruto porque creyó que obtendría un premio. En un nivel físico tenía buen sabor, pero también prometía alguna clase de satisfacción para el alma de la primera mujer; su corazón estaba hambriento de vida, y después de que la serpiente sugiriera que en realidad el Señor tal vez no era tan digno de confianza, ella escogió la vida... lejos de Dios. El pecado siempre promete algo, y la pornografía promete constantemente suplir nuestros anhelos más profundos como hombres y mujeres... sin un precio. De mis experiencias, investigaciones y observaciones, la pornografía promete cumplir cinco deseos clave, todo ello sin responsabilidad alguna.

LA PORNOGRAFÍA PROMETE VALIDAR NUESTRA VIRILIDAD SIN NECESIDAD DE FORTALEZA FÍSICA

Al hablar con hombres acerca de sus luchas con la pornografía a menudo hago lo que parece una pregunta fortuita. *¿Dónde en tu vida te sientes típicamente más fuerte y más viril?* La mayoría de las veces esto los deja perplejos porque no tienen en sus mentes una categoría de pensamiento en cuanto a su fortaleza y masculinidad. Pero entonces, casi todos afirman sentirse más fuertes en el trabajo, haciendo deporte, en el ministerio, o participando en algún otro pasatiempo. *Sin embargo, en más de veinte años de aconsejar nunca he oído a un hombre responder inicialmente diciendo que se sintiera más viril en relación con su esposa, novia o amiga.* La mayoría de hombres no se sienten terriblemente fuertes o adecuados en la presencia de una mujer real y viva, aunque sean el ejecutivo en jefe de una empresa Fortune 500, un héroe condecorado de guerra, o un pastor avezado. Sin embargo, Dios diseñó nuestras almas masculinas para ser energizadas ofreciéndonos a favor de nuestras homólogas femeninas.

Ingresamos a la pornografía, la cual nos permite tener nuestro pastel («me siento fuerte y masculino») y también comerlo (sin requerir fortaleza ni masculinidad). John Eldredge escribió: «Lo que más hace adictiva la pornografía en la vida de un hombre es que lo hace *sentir* como un hombre, sin siquiera exigirle nada».[2] La seducción de lo pornográfico es que, contrario a una mujer en la vida real, nos hace sentir como hombres, y no nos tuerce los ojos ni se da vuelta en la cama. La pornografía nunca nos recuerda nuestras faltas, nuestros defectos ni nuestras deficiencias. No evalúa nuestras apariencias o desempeños, nuestros valores netos o nuestras credenciales. No nos dice que nos recortemos las uñas de los pies ni que bajemos la tapa del inodoro. No le importa si estamos taciturnos, irritables, pasados de peso o si somos egoístas... incluso indeseables. Lo único que la pornografía requiere de un hombre es una pulsación, y quizás el clic de un ratón.

Las luchas con la pornografía confirman nuestras sospechas de que no tenemos lo que se necesita para ser hombres. En alguna parte en nuestro interior creemos que nos falta la fortaleza para relacionarnos con una mujer verdadera. Como escribiera Robert Jensen, la pornografía nos atrae con una promesa: «Lo que nos llega a la memoria una y otra vez es la voz en nuestros oídos, la suave voz que afirma: "Está bien, en realidad eres un hombre, puedes realmente ser un hombre, y si entras a mi mundo, todo estará allí, y todo será fácil". [...] La pornografía conoce la debilidad de los hombres y habla tiernamente a esa debilidad. [...] No obstante, para la mayoría de hombres esto se inicia con la dulce voz que platica a nuestro temor más profundo que no somos suficientemente hombres».[3]

Así que en la ausencia de fortaleza sentida, nos volvemos a lo pornográfico como si se tratara de esteroides para el alma. En nuestras mentes la pornografía nos hace más grandiosos, más fuertes y más deseables. Conseguimos nuestra dosis y afirmamos nuestra virilidad. Las seductoras imágenes nos dicen confiadamente que somos *el* hombre. Pero como hacemos con los verdaderos esteroides, nos arriesgamos a los dañinos efectos secundarios de la pornografía y a la desgracia pública. Sin esta droga simplemente nos convertimos en otra persona y nos preguntamos si podremos dar la talla. C. S. Lewis entendió esto cuando escribió que todas las veces que un hombre se masturba debilita su virilidad.

La pornografía nos da permiso para no hacer preguntas difíciles acera de nuestras almas masculinas. *¿Por qué me siento débil en presencia de una determinada mujer? ¿Por qué hay tanto en juego cuando me relaciono con ella? ¿Por qué siento que tengo tan poco que ofrecer?* Pero al llenarnos de valor para enfrentar estas preguntas descubrimos verdades trasformadoras de vida respecto a nosotros mismos que nos pueden liberar. Verdades que nos llevarán a algo mejor que la pornografía.

LA PORNOGRAFÍA PROMETE REALIZACIÓN SEXUAL SIN RELACIÓN

En la esquina de una importante intersección en Denver una destacada cartelera promociona una tienda que vende discos porno. Su mensaje es conciso y llamativo: «¡Más barato que tener una cita!». Al principio esto podría parecer cómico e ingenioso, pero el mensaje no podía ser más claro: ¿Estás buscando satisfacción sexual? ¿Deseas placer sexual? Ni siquiera te molestes con una mujer verdadera. Simplemente satisface tu apetito en nuestro buffet libre de interminable variedad sexual. Satisfacción garantizada con el clic de tu control remoto.

La primera vez que vi esta cartelera no supe si reír o llorar, principalmente porque se hallaba cerca de casa. Mientras estuve en el colegio me destaqué porque nunca fui a un baile ni tuve ninguna cita. No tuve baile de bienvenida. Tampoco de graduación. Una vez una chica que me gustaba de veras me pidió que fuéramos a un baile. Yo quería ir con ella, pero mentí y le dije que estaba ocupado.

No la rechacé porque no me atrajeran las chicas o ella en particular; como mencioné, la muchacha me gustaba. Simplemente me aterraba acercarme a una chica que tuviera alguna clase de pasión. Al no querer poner en riesgo mi fortaleza masculina en ciernes yendo tras una clase de involucramiento romántico, representé el papel del tipo seguro de sí mismo. El papel de uno de los sujetos que se podía relacionar con chicas como amigas y hacerlas reír, pero que nunca se esperaba que se les acercara con intención romántica. Mientras yo fuera el tipo seguro, podía tener mi pastel y también comérmelo.

Un par de veces en el colegio me arriesgué a ir detrás de chicas que me gustaban. Pero justo cuando mi confianza llegaba a cierto punto me encontraba atraído de modo inevitable a la pornografía. Entonces me masturbaba y después perdía finalmente cualquier sensación de confianza de que yo tuviera algo que ofrecer a una mujer. Con mi consumo regular de esteroides del alma, erosionaba constantemente mi virilidad, convenciéndome de que no necesitaba una novia. A pesar de que en el fondo desesperadamente anhelaba tener una.

LA PORNOGRAFÍA PROMETE INTIMIDAD SIN REQUERIR RIESGO NI SUFRIMIENTO

Hace poco pedí a un hombre a quien estaba aconsejando que me dijera cómo se sentía con relación al conflicto.

—¿Quieres decir conflicto como el del Oriente Medio? —inquirió.

No exactamente.

—¿Cómo te sientes respecto al conflicto en tu matrimonio y a tus relaciones más íntimas? —pregunté.

Sin titubear relató que lo primero que escribía en su lista diaria de cosas por hacer era «evitar conflictos». Ambos reímos.

—¿Ves la relación entre tu objetivo de evitar conflictos y tu adicción a la pornografía y la lujuria?

Al principio el hombre me lanzó una mirada en blanco, como si yo acabara de pedirle que explicara la analogía entre la invención del motor de combustión interna y el desarrollo del capitalismo. Entonces las luces comenzaron a encenderse. El hombre empezó a darse cuenta que en realidad nunca había abierto el corazón con su esposa, familia, compañeros de trabajo y amigos. Para evitar conflictos el sujeto no compartía lo que pensaba, sentía o deseaba realmente. Al haberse criado de niño en una familia que premiaba la cruel conformidad y que mantenía una apariencia religiosa rígida, aprendió a no desilusionar a los demás.

Vivir de este modo dificulta la intimidad, por decir lo menos. En su matrimonio, en vez de exponerse acercándose a su esposa y abriendo el corazón, este hombre se volvía a la pornografía para suplir su necesidad de intimidad. El material pornográfico le permitía entregar su corazón a algo que no podía lastimarlo ni rechazarlo directamente. Detrás de su lucha por la pornografía había un compromiso de protección personal por conservar el corazón a salvo de la desilusión y el rechazo que había llegado a conocer muy bien.

C. S. Lewis describió de este modo la lucha de todo hombre con la vulnerabilidad:

> Amar, de cualquier manera, es ser vulnerable. Basta con que amemos algo para que nuestro corazón, con seguridad, se retuerza y, posiblemente, se rompa. Si uno quiere estar seguro de mantenerlo intacto, no debe dar su corazón, ni siquiera a un animal. Hay que rodearlo cuidadosamente de caprichos y de pequeños lujos; evitar todo compromiso; guardarlo a buen recaudo bajo llave en el cofre o en el ataúd de nuestro egoísmo. Pero en ese cofre —seguro, oscuro, inmóvil, sin aire— cambiará, no se romperá, se volverá irrompible, impenetrable, irredimible. El único sitio, aparte del Cielo, donde se puede estar perfectamente a salvo de todos los peligros y perturbaciones del amor es el Infierno.[4]

Aunque al principio podrían parecer como un pedazo de cielo, la pornografía y la lujuria son una especie de infierno. Nos brindan falsa intimidad, salvaguardando nuestros corazones de los peligros de la verdadera intimidad. Pero finalmente la pornografía incapacita nuestros corazones ante las mismas cosas que anhelamos. Se vuelven incapaces de amar.

LA PORNOGRAFÍA PROMETE PASIÓN Y VIDA SIN CONEXIÓN CON TU ALMA

En la película *Belleza americana*, Lester Burnham es un oficinista de cuarenta y dos años que atraviesa una crisis de la mediana edad y que ha perdido el alma. Al principio de la película él narra su vida, divulgando que habrá fallecido dentro de un año. Relata: «En cierto modo ya estoy muerto. Mírame. Masturbándome en la ducha. Este será el punto álgido de mi día. A partir de allí todo es cuesta abajo».[5] ¿Es esta escena solo un intento de explotar un humor burdo por parte de algún escritor sin fe de Hollywood? Me gustaría decir que ese fue el caso. Pero para muchos hombres lo pornográfico constituye el punto álgido de sus días. Les brinda una manera confiable de sentir pasión y vida. Aunque solo sea por un momento.

Por supuesto, como seres humanos creados a imagen de Dios estamos diseñados para experimentar vida. Las palabras de Jesús, «yo he venido para que tengan vida, y para que la tengan en abundancia» (Juan 10.10), resaltan esta verdad. Fuimos creados para vivir a plenitud. Pero para los hombres que han perdido sus almas, los momentos de escape, alivio o validación de la pornografía se convierten en un sustituto para la vida que Cristo ofrece.

Hace un tiempo mi hijo y yo pasamos el día conduciendo motos de nieve en una elevación de más de tres mil metros en Breckenridge, Colorado. El tiempo que pasamos juntos estuvo repleto de alta velocidad y aventura cargada de adrenalina. Al final del día me volví a mi hijo y lo felicité.

—Bueno, ¡esto es vida! —exclamé.

—¡Esto *es* vida! —replicó él.

¿Dónde en tu vida dices «¡*Esto* es vida!»? Si no tienes algo en tu vida que con regularidad inspire aventura, riesgo y pasión, cuidado. Porque si no es así, buscarás lo falso.

LA PORNOGRAFÍA PROMETE PODER SOBRE LAS MUJERES SIN RESPONSABILIDAD NI HUMILDAD

Cliff acababa de terminar su tercer taller de pureza sexual cuando nuestros caminos se cruzaron por primera vez. Le desconcertaba por qué la pornografía lo mantenía esclavizado. Pero su matrimonio presentaba graves problemas, y él estaba muy motivado a llegar al fondo de su adicción. Mientras discutíamos su reacción ante un reciente conflicto marital le pregunté si la pornografía era una manera disimulada de vengarse de su esposa. Cliff sonrió tímidamente. Su sinceridad me pareció fascinante.

—Sé que eso es bastante inmaduro —expresó—. Pero es mi forma de apretarle los tornillos a mi esposa.

A continuación describió un patrón que muchos hombres reconocerán. Cuando él y su esposa discutían, si ella gastaba más de la cuenta, o si le rechazaba los avances sexuales, él se volvía a la pornografía para hacer que su mujer pagara.

—Es como cuando alguien me obstaculiza en el tráfico —me explicó—. Aunque esa persona esté conduciendo por delante de mí y ni siquiera se dé cuenta de lo que ha hecho, no obstante le haré un gesto con el dedo medio. Eso es lo que he estado haciendo con mi esposa.

A medida que nuestra conversación continuaba, el enfoque cambió de lo pornográfico al asunto más profundo de por qué él se sentía tan indefenso con su esposa. La pornografía era para Cliff solamente un síntoma de un problema mucho más profundo relacionado con su masculinidad destrozada.

La pornografía promete otra forma de poder sobre las mujeres. Imágenes y escenas de mujeres siendo humilladas, degradadas y violadas para el placer de los hombres son ahora comunes en la red. ¿De qué se trata esto? Muy a menudo esto habla del asunto clínico de tolerancia, la idea de que se necesita más y más de la «droga» para obtener el mismo efecto. Cuando más de la droga no puede producir el efecto deseado, entonces se vuelve necesario cambiar drogas. En el caso de la pornografía, cambiar drogas significa buscar escenas que sean más lúgubres, atrevidas y hasta ofensivas.

He hablado con muchos hombres que empezaron su carrera de pornografía en línea buscando «inocentemente» fotos de celebridades desnudas, pero que finalmente terminaron revisando compulsivamente material violento y repulsivo que nunca antes pudieron haber imaginado que querrían.

Un hombre puede sentir legítimo poder en la presencia de una mujer. Pero el verdadero poder nunca es *sobre* una mujer. Un hombre busca poder sobre una mujer porque está vacío, necesitado y destrozado, y porque cree que debe utilizarla para llenar su espíritu. El verdadero poder, el que Jesús demostró de modo constante, es un poder *sometido*. El verdadero poder nunca devalúa, deshumaniza, coacciona ni controla. Al contrario, sirve, provee de manera sacrificial, y actúa por el bien de la otra persona. El poder sometido es el camino de la cruz, la senda de la humillación. Como hombres, estamos llamados a vivir nuestro legítimo poder con responsabilidad y humildad.

LA PORNOGRAFÍA PROMETE CONSUELO Y CUIDADO SIN DEPENDER DE OTROS

Raymond era un estudiante soltero de seminario que vino a verme porque estaba cansado de fingir. Como líder carismático y respetado de la institución, nunca se habría sospechado que él pasaba más de cinco horas al día involucrado en pornografía y cibersexo. Cuando nos reunimos, Raymond se cuestionaba incluso que fuera cristiano. Años de batallar con la lujuria lo habían dejado derrotado, y ahora se daba cuenta que necesitaba ayuda en serio. Decir que él estaba cubierto de vergüenza y odio por sí mismo sería una descripción insuficiente.

Escuché la historia de Raymond y me enteré que había crecido como hijo único, y que había sido criado por una madre soltera, quien tenía dos empleos para ganarse la vida, lo que le dejaba poco tiempo o energía para su hijo. Ya en cuarto grado el muchacho había aprendido a lavarse la ropa y preparar su comida. Pasaba sin ninguna compañía varias noches a la semana después de la escuela, y habitualmente se acostaba solo. La televisión se convirtió en su principal fuente de consuelo. Una noche Raymond descubrió que podía acceder a los canales para adultos y escuchar diálogos sexualmente explícitos. Aunque las imágenes estaban bloqueadas, las voces le provocaron al mismo tiempo confusión, excitación y consuelo. Pronto descubrió la masturbación, la cual describió como algo tan poderoso que fue como «besar el rostro de Dios». Al llegar y pasar la adolescencia cambió los diálogos sexualmente explícitos por pornografía en línea.

Mi primera conversación con Raymond ocurrió hace más de diez años. Hoy día está libre de la compulsión sexual y sirve como ministro y consejero para hombres que luchan con sus propios quebrantos sexuales. El inicio del fin de su adicción se dio cuando identificó la pornografía como la única manera en que podía experimentar consuelo y cuidado. Nunca se le había ocurrido que debajo de sus compulsiones pletóricas de vergüenza había un hambre y una sed por algo legítimo y bueno.

¿Te has preguntado alguna vez qué está pasando realmente debajo de tus ansias por ver pornografía? ¿Qué yace debajo de tu deseo de una agradable descarga física? ¿Cuál es el verdadero deseo de tu corazón, la legítima necesidad que clama desesperadamente por ser oída? No solamente puedes vencer tus luchas sexuales con la pornografía, la lujuria y la masturbación, sino que también puedes disfrutar la vida en un nivel que quizás nunca has experimentado. Se le llama *gozo*.

3

Sed insaciable

La lujuria es el anhelo por sal en un hombre que se está
muriendo de sed.

—FREDERICK BUECHNER

Saliendo del estacionamiento de la iglesia subí el volumen a la radio
de mi auto lo más alto que pude. Intentaba olvidar la reunión de
adoración que acababa de enterrar otro clavo en el ataúd de mi fe
críticamente enferma. El sermón dio inicio a mi espiral descendente.

El bienintencionado pastor había dicho: «Si podemos alinear
nuestros deseos con los de Dios, entonces y solo entonces ganaremos la batalla sobre los pecados y las luchas que nos envuelven.»
Si tan solo pudiera alinear mis deseos con los de Dios, pensé. Esa
parecía la historia de mi vida cristiana. Después de años de lucha
con la lujuria y la pornografía, mi vida se había convertido en
una descomunal adicción sexual. Por tanto, la idea de alinear mis
deseos con los del Señor parecía no solo absurda sino totalmente
extenuante.

El cántico de cierre fue el empujón que me lanzó por el borde
del abismo. Mientras todos alrededor de mí alababan gozosamente
a Dios, yo articulaba las palabras pero no podía pronunciar un solo
sonido: «Y nada que yo desee se compara contigo». De pie en el
santuario de la iglesia quise con desesperación que esas palabras fueran ciertas, pero me era imposible expresarlas. Había pasado mucho
tiempo desde que *fueran* verdaderas para mí. Sinceramente, el Señor
no se podría comparar con la mayor parte de mis deseos, entre ellos

los relacionados con pornografía y sexo ilícito. Mis ansias parecían demasiado intensas hasta para que Dios las llenara.

Desanimado y aburrido con mi vida me trasladé hasta el supermercado más cercano y compré un paquete de seis cervezas con una tarjeta de crédito llena casi al límite. Después de manejar sin rumbo por una hora entré a un sector de Cleveland conocido por ser de fácil acceso a sexo y drogas. Tenía toda la intención de sumergirme en el abismo de mi adicción a pesar de mi último incidente con el artículo del periódico. Pero después de, como en un trance, atravesar esas calles de mala muerte comprendí de repente que lo que yo estaba a punto de hacer era totalmente insustancial. Sencillamente no sabía qué más hacer. Así que me registré en un motel, solo, deprimido y desesperado. Aunque no era un suicida, quise con desesperación escapar de mi vida. Sorbiendo una cerveza caliente me masturbé y luego me quedé dormido.

Varias horas después me despertó la conocida oleada de vergüenza y tristeza. Este era el ciclo que yo conocía demasiado bien. Me levanté, vertí el resto de la cerveza por el lavabo, salí del motel, y conduje a casa sintiéndome más solitario y vacío que nunca en la vida. Todo el tiempo sentía que bajo mis inquietas ansias había una sed por algo que todo el sexo y toda la cerveza del mundo no podrían satisfacer. Solo que no sabía qué era eso o cómo hallarlo.

¿TIENES SED?

Aposia es un término médico que significa «ausencia de sensación de sed».[1] Por lo general los síntomas resultan de otra condición o de una enfermedad. En sí, la aposia no amenaza la vida. Pero para personas que no saben que la padecen, las secuelas de no beber líquidos (deshidratación, desbalance electrolítico, y finalmente paro cardíaco) pueden ser mortales.

Con los años he observado una contraparte espiritual a la aposia: la pérdida de nuestro sentido o percepción de sed *espiritual y relacional*. A diferencia del mal físico, el cual es relativamente raro, la condición espiritual parece tan extendida como el resfriado común. Esto no debería sorprendernos. Después de todo, la Biblia nos dice que «la esperanza que se demora es tormento del corazón» (Proverbios 13.12). ¿Quién desea vivir con esperanza, sed y deseos intensos si al hacerlo podría hacer que el corazón enfermara? Seamos realistas: la esperanza es vivificadora, pero desear algo de manera profunda e intensa y no recibirlo puede ser prácticamente insoportable. Por otra parte, las consecuencias de perder nuestra sensación de sed espiritual pueden ser tan dramáticas como perder nuestra sed física. ¿Cómo podemos amar a Dios con todas nuestras mentes, nuestros corazones, nuestras almas y nuestras fuerzas, cuando los deseos de nuestros corazones y almas no funcionan con total capacidad? La sed de nuestras almas es el deseo central del cual fluye todo lo demás en la vida cristiana.

El deseo y la sed son fundamentales para el cristianismo. Cuando Jesús de Nazaret nos invita a seguirlo, primero nos despierta deseo. Nos extiende esta invitación: «Si alguno tiene sed, venga a mí y beba. El que cree en mí, como dice la Escritura, de su interior correrán ríos de agua viva» (Juan 7.37–38).

Observa que Jesús puso una condición a su ofrecimiento: «Si alguno tiene sed», lo que nos insinúa que debemos reconocer nuestra sed. Esto implica que algunas personas que escuchan la oferta de vida simplemente no reconocerán sus profundos deseos. Algunos de los individuos que escucharon a Jesús en esa época sufrían de aposia espiritual.

Igual estaba la gente en tiempos de Isaías, porque las palabras de Jesús imitaron las de la oferta de su Padre celestial en el Antiguo Testamento: «A todos los sedientos: Venid a las aguas; y los que no tienen dinero, venid, comprad y comed. Venid, comprad sin dinero y sin precio, vino y leche. ¿Por qué gastáis el dinero en lo que no es pan, y vuestro trabajo en lo que no sacia?» (Isaías 55.1–2). Jesús no nos invita a un plan de mejoramiento personal. En lugar de eso apela a nuestros apetitos y deseos, aunque no los reconozcamos. Muchas personas que quieren seguir a Cristo ven el cristianismo solo como una invitación a llevar una buena vida moral, y a creer en una serie finita de ciertas doctrinas. Pocos enlazamos nuestra relación con Jesús a una vida apasionada de deseo y plenitud. ¿Por qué hemos concluido esto? ¿Y por qué tantos hombres están tan desesperadamente desconectados de su sed y sus deseos?

Micah era el ejemplo básico para hombres que han desconectado la sed en sus almas. Él ya estaba a principios de sus cuarenta, no se había casado, y se hallaba muy involucrado en el ministerio de su iglesia en el centro de la ciudad. A pesar de haber recibido dos títulos de posgrado en teología y bellas artes, trabajaba a tiempo completo como representante por teléfono de servicio al cliente, a fin de tener «más flexibilidad para el ministerio». En su tiempo libre Micah corría varias maratones al año. Así que yo estaba más que un poco intrigado cuando me pidió una cita para que le ayudara a comprender por qué era tan indisciplinado.

El hombre no solo estaba desconectado de su sed profunda, sino que también había desarrollado una justificación teológica para su austero y abnegado estilo de vida. En una de nuestras conversaciones iniciales comentó: «En realidad no quiero nada y realmente no necesito a otros. Como cristiano, estoy aquí para servir a los demás y suplirles sus necesidades». No cuestioné su sinceridad. Pero por muchos años Micah había descuidado su propia necesidad a expensas de su bienestar. Y había otro problema: él estaba atrapado en masturbación compulsiva habitual. Durante décadas había orado, pidiéndole a Dios más disciplina. Su compulsión lo había dejado con una sensación de fracaso, vergüenza e ineptitud. Este era el único tema en su vida que la disciplina no podía tocar.

¿DE *QUÉ* TIENES SED?

Si son ciertas las palabras de Tomás de Aquino, de que toda conducta pecaminosa tiene sus raíces en un legítimo apetito dado por Dios, entonces identificar esos anhelos dados por Dios debería ser nuestra tarea prioritaria. Pregunta a un hombre cuáles son sus anhelos, y podrías recibir una mirada en blanco... o una llena de miedo. Nos han dicho que reprimamos nuestros anhelos. A fin de ayudar a varones a ponerse en contacto con sus deseos, he guiado a algunos de ellos a través de un ejercicio que les ayuda a descubrir su intensa sed y sus profundos anhelos. Aunque se trata de algo sencillo, esto ha sido muy revolucionario en ayudar a hombres a descubrir el lenguaje de su alma, lenguaje que cada uno debe llegar a dominar si quiere que su alma sea libre.

Inicialmente les pido que identifiquen y escriban cincuenta deseos o apetitos profundos de sus corazones. Sin embargo, la mayoría de hombres ni siquiera tienen una categoría de pensamiento para reflexionar en tal pregunta. «Quieres decir, ¿cuáles son mis metas?». O, «Correcto, ¡sí! Quiero llevar a mi esposa en un lindo viaje por nuestro aniversario, eso es lo que deseo». Aunque estos son anhelos legítimos, no son los profundos deseos a los que Jesús se refirió en Juan 7.

Cuando Micah hizo este ejercicio reconoció cuán desconectado estaba de sus deseos y su sed. Con el tiempo pudo identificar varios anhelos importantes que él había suprimido a fin de evitar sufrimiento y desilusión. En el colegio se sintió atraído por una soprano de ojos azules que conoció en el coro. Salieron durante todo el último año de estudios. Cuando ella rompió con él exactamente después de la graduación, el corazón le quedó destrozado. Micah comparó la rotura con haber sido el bobo golpeado en la panza y al que le sacaron el aire.

Herido, finalmente se mudó y siguió un curso en la universidad que lo llevó a una carrera en interpretación vocal. No obstante, al principio de su penúltimo año se hizo cargo un nuevo jefe de departamento. Este hombre le dijo a Micah en términos muy claros que debía cambiar su especialización y renunciar al sueño de interpretar profesionalmente. De repente, a Micah se le habían cerrado todas las puertas de su pasión. Juró que nunca volvería a desilusionarse otra vez de ese modo. Así que negó su deseo, desarrolló aposia espiritual, y se convenció de que su alma no tenía sed. Pero cuando empezó a conectar los puntos de su historia, él se dio cuenta que no hallaría libertad de la masturbación volviéndose más disciplinado. Podía llegar a ser libre solamente como consecuencia de la restauración del corazón.

John Eldredge escribió: «Una de las primeras cosas que Dios hace cuando restaura a un hombre es volver a despertarle deseo».[2] El primer paso importante en la sanidad de Micah fue el renacimiento de la sed, de los anhelos y de los deseos que él había cerrado años antes. Reconoció que su autosuficiencia y dedicación a ayudar a otros era una estrategia de autoprotección que le impedía ser herido o rechazado. Su dedicación al servicio le permitió ser afirmado y valorado, sin arriesgarse a salir lastimado en una relación. La masturbación era la única salida en su vida que casi llegó a suplir sus necesidades legítimas. Cuando reconoció y comprendió más acerca de la sed y el anhelo debajo de esa lucha, su deseo por relación y conexión volvió a despertarse. Lentamente se dio cuenta que necesitaba relaciones para ser una calle de doble vía, no un ministerio de un solo sentido hacia otros. Su corazón despertó a la posibilidad de entrar en una relación con una mujer. Su alma comenzó a estar viva.

PONLE NOMBRE A TU SED

Siempre que le pido a un hombre que haga una lista de lo que apetece su alma, muy bien podría estar hablándole en cantonés. A inicios de mi propio viaje de sanidad mi consejero me animó a hablar acerca de mis anhelos. Fue como tratar de describir la gravedad. Por tanto, para dar a los hombres un punto de partida explico que por lo general las personas comparten siete anhelos principales. Aunque esta lista no es exhaustiva, te ofrece una forma sencilla de comenzar a poner palabras a lo que yace debajo de la superficie de tu vida:

- Atención: Ansío gustarle a los demás. Anhelo tu abrazo.
- Afecto: Ansío que los demás disfruten estando conmigo. Anhelo que se deleiten conmigo. Anhelo que puedas disfrutar de quien yo soy.
- Afirmación: Ansío saber que tengo lo que se requiere. Anhelo tu bendición.
- Aceptación: Deseo pertenecer. Anhelo ser deseado.
- Satisfacción: Ansío plenitud. Anhelo bienestar.
- Significado: Anhelo impacto. Deseo importancia. Ansío ser poderoso.
- Seguridad: Deseo saber que estaré bien.

Todas estas ansias principales son apetitos y anhelos dados por Dios. Cuando se suprimen, se cortan o se acallan, nos parecemos a un auto Indy corriendo en cuatro cilindros. Debido a esto fallamos en vivir a partir de nuestros corazones. Para correr en ocho cilindros debemos reconocer que estamos sedientos, e identificar cuáles son nuestros anhelos. ¿Por qué? Porque solo cuando los identificamos comenzamos a movernos hacia esos deseos según el diseño de Dios.

Una vez que hayas identificado cuáles son tus anhelos, puedes empezar a entender por qué la pornografía es tan seductora. Puedes ver más allá de la lógica simple de la libido de tu cuerpo hacia los anhelos fundamentales de tu alma. Las imágenes y experiencias sexuales que ansías representan el cumplimiento de una o más de tus siete ansias principales: ser visto y valorado, sentir afecto y amor, ser afirmado en tu virilidad y atractivo, y así sucesivamente... o al menos aquellas imágenes y experiencias te brindan la ilusión de todo esto en el momento.

LA LUJURIA ES EL RESULTADO DE DESEO DESORDENADO

Después de aconsejar a personas por más de veinte años, estoy convencido de que solo hay dos clases de individuos en el mundo: los que comen pastel de chocolate en el desayuno y quisieran no haberlo hecho, y los que tiemblan ante la idea de desayunar chocolate y que probablemente deberían comerlo. En otras palabras, hay quienes exigen que sus anhelos sean satisfechos, y quienes no reconocen sus deseos.

Hablando a esa segunda multitud, sin duda Jesús enfocó el asunto de la lujuria. «Oísteis que fue dicho: No cometerás adulterio. Pero yo os digo que cualquiera que mira a una mujer para codiciarla, ya adulteró con ella en su corazón» (Mateo 5.27–28). La palabra griega en este pasaje para «codiciar» es *epithumeo*, que significa «poner el corazón en» o «desear intensamente».

Sin embargo, cuando Lucas registró las palabras de Jesús mientras partía el pan con sus doce discípulos en la Última Cena («¡*Cuánto he deseado* comer con vosotros esta pascua antes que padezca!» [Lucas 22.15, énfasis añadido]), usó la misma palabra, *epithumeo*, que Jesús utilizó para describir la codicia. ¿Estaba Jesús codiciando? Sí. ¿Estaba pecando? Por supuesto que no. Él estaba profundamente en contacto con los deseos profundos y piadosos en su corazón.

Teólogos y filósofos se han referido a través de los siglos a la codicia y el deseo desordenado. Tal definición es sumamente útil para entender los dos usos de Jesús de la palabra codicia, y también para aclarar nuestros propios malentendidos. El deseo desordenado resulta de deseos que son rechazados, exigidos, o que están fuera de lugar.

Los deseos *rechazados* por lo general resultan de la vergüenza o el dolor. En el colegio le conté a mi líder de Young Life que oraba con fervor y le pedía a Dios que se llevara mis deseos sexuales. Simplemente eran demasiado fuertes. En realidad creía que al Señor le agradaría que me neutralizara sexualmente hasta que me casara algún día. Con gran sabiduría y gracia, mi líder me aseguró que mis deseos sexuales eran un regalo divino. Yo los sentía más bien como una maldición; no muy distinto al sentimiento descrito por Frederick Buechner en su novela *Godric*: «La lujuria es el gorila que habla atropelladamente en nuestros lomos. Si lo dominamos como lo hacemos durante el día, se enfurecerá más salvajemente en nuestros sueños durante la noche. Solo cuando creemos que estamos a salvo, este gorila levanta su horrible cabeza y sonríe, y no existe río en el mundo que fluya suficientemente frío y fuerte para derribarlo. Poderoso Dios, ¿por qué adornaste a los hombres con un juguete tan aborrecible?».[3]

La ambivalencia sobre lo que se siente como un juguete aborrecible de deseo es una forma primaria en que muchos individuos rechazan sus urgencias sexuales. A través de los años muchísimos hombres me han descrito sus deseos sexuales como una parte de ellos hacia la cual sienten gratitud y desprecio. Luego les resulta refrescante saber que sus deseos no son demasiado fuertes, sino poco fuertes. C. S. Lewis dio en el blanco: «Nuestro Señor encuentra que nuestros deseos no son muy fuertes, sino más bien débiles. Somos seres indiferentes, engañados respecto a la bebida, el sexo y la ambición cuando se nos ofrece gozo infinito, igual que un niño ignorante que quiere seguir haciendo pasteles de barro en un chiquero porque no puede imaginar lo que se entiende por la oferta de unas vacaciones en el mar. Somos demasiado fáciles de complacer».[4]

Mientras tratamos de disminuir nuestros deseos, Dios nos invita a desear aun más profundamente. Pero como escribiera Lewis, somos demasiado fáciles de complacer. ¿Crees en tu corazón que cuando caes en pornografía, fantasía o masturbación en realidad tus deseos son *demasiado débiles*? Si lo creyéramos de veras, quizás no trataríamos de negar o suprimir nuestros deseos, y en vez de eso dejaríamos que nos llevaran a lo que nuestro corazón realmente anhela.

El problema con la lujuria es que hemos actuado con exceso de celo.

Piénsalo de este modo. Supón que acabas de concluir un día difícil de montar en bicicleta o de caminar en medio del calor de verano. Extremadamente sediento regresas a tu vehículo y agarras la botella de agua que empacaste temprano esa mañana. Estás consciente de que el agua en tu contenedor está compuesta de innumerables moléculas, y que cada una contiene dos átomos de hidrógeno y uno de oxígeno. Por alguna razón decides que solamente ingerirás los átomos de oxígeno y no los de hidrógeno. A pesar de tus mejores esfuerzos no puedes hacerlo porque los dos átomos de hidrógeno y el de oxígeno no se pueden separar. Separarlos significaría que ya no sería agua potable sino algo distinto. Un hombre que trata de suprimir su lujuria es como alguien que intenta beber solamente los átomos de oxígeno.

Deseo *exigido* es lo opuesto a deseo rechazado, porque exigimos alivio del dolor de una sed insatisfecha. Como individuos quebrantados y autosuficientes, de manera reflexiva buscamos alivio para nuestras ansias no satisfechas moviéndonos en una dirección lejos de Dios. Él lo describió de este modo: «Dos males ha hecho mi pueblo: me dejaron a mí, fuente de agua viva, y cavaron para sí cisternas, cisternas rotas que no retienen agua» (Jeremías 2.13).

Ansiar el consuelo de estar en brazos de una mujer es muy diferente a exigir ese consuelo. Cuando demandamos que se satisfagan nuestros deseos convertimos a las personas en objetos y acabamos usándolas... al costo de nuestras propias almas y al de la dignidad de la mujer. Cuando exigimos, no dejamos espacio para el amor porque pasamos de ser amantes a consumidores.

Un hombre atraído compulsivamente a la pornografía no tiene problemas con sus deseos. Dios lo creó con una atracción natural por la belleza femenina. El problema no es que esté sediento sino que su deseo se haya convertido en exigencia. Como algo sorbido de un embudo, cualquier cosa a la que nos volvamos para satisfacer nuestras ansias se derramará si yace fuera del ámbito de los buenos dones del Señor. Así que nos volvemos una y otra vez al embudo.

En nuestro mundo moderno, si quieres una película, una canción o un video solo presionas un botón en uno de tus muchos aparatos de alta tecnología y, vaya, ahí está, a pedido. Pero nuestras almas no fueron diseñadas para obrar de este modo. Es más, en *El gran divorcio*, C. S. Lewis describió al *infierno* como un lugar donde las personas no tienen necesidades porque pueden obtener cualquier cosa que deseen con solo imaginarla... ¡a pedido![5]

El deseo desordenado también puede ser *inapropiado*. Cuando lo ponemos fuera de lugar, dirigimos nuestros corazones hacia algo que toma el lugar de los buenos regalos de Dios. Es el anhelo por helado cuando te sientes deprimido, o la lujuria por pornografía cuando estás solo. Larry Crabb lo explicó bien: «Cuando los placeres de cualquier clase se usan para satisfacer (o al menos aquietar) nuestros anhelos cruciales, entonces la sed por lo que solamente Dios puede proveer se convierte en una tirana exigencia que nos impulsa hacia cualquier alivio disponible. Nuestro dios llega a ser nuestro apetito. Anhelos cruciales destinados a crear un jadeo después de que Dios energiza nuestra adicción hacia cualquier cosa que se sienta bien por un momento».[6]

¿POR QUÉ TU FUEGO ARDE FUERA DE LA CHIMENEA?

A lo largo de los años he oído sermones y mensajes que comparan nuestros deseos sexuales con un fuego ardiendo en una chimenea. Cuando el fuego arde dentro de la chimenea, esto representa los deseos sexuales dentro de los límites y el diseño del Creador. Aquí estos deseos pueden ser placenteros y vivificantes. Cuando el fuego arde fuera de la chimenea, representa los deseos sexuales expresados fuera de los límites y del diseño de Dios. En este caso ocasionan daño y destrucción.

Sin embargo, nunca he oído un sermón que enfoque sustantivamente el asunto de por qué el fuego arde fuera de la chimenea. ¿Qué causa que el fuego arda descontrolado? ¿Qué alimenta las llamas? Afirmar que el pecado aviva el fuego podría ser cierto, pero debemos enfocar algo más en adicción al pecado.

Un amigo íntimo es dueño de una hacienda en las tierras altas de Colorado. Hace unos siete años toda la región, incluyendo su hacienda, fue infestada de escarabajos de pino, un asesino perenne de los bosques. Con tantos árboles infestados, dañados o a punto de morir, la hacienda estaba en gran peligro de sufrir un catastrófico incendio forestal. Después de prolongadas conversaciones con expertos forestales, mi amigo decidió que la mejor solución duradera sería cortar todo árbol muerto o infestado. A tremendo costo y luego de incontables horas de esfuerzo, la hacienda ya no enfrenta la amenaza de un incendio forestal. Cientos de hectáreas de laderas de montañas están ahora al descubierto, pero nueva vida comienza a brotar. Y cuando empiece la temporada de incendios forestales, las llamas vecinas no tendrán nada que consumir.

Ciertas circunstancias vuelven vulnerables a los pinos: malas condiciones de desarrollo, sequía, daños por incendio, y enfermedades en las raíces. Espiritualmente, nuestras almas se asemejan a ese bosque montañoso. El bosque interior de nuestras almas está fuerte y lleno de vida. Pero igual que los árboles de la hacienda de mi amigo, nuestras almas pueden secarse, dañarse y hacerse vulnerables. Bajo ciertas condiciones, la más pequeña chispa de legítimo deseo puede encender nuestras partes vulnerables y arder muy lejos de la chimenea de los límites saludables del Señor.

¿Puedes identificar los troncos muertos, las ramas rotas, y las partes secas de tu alma? ¿Cómo es que tu alma ha experimentado sequía, raíces enfermas, o malas condiciones de crecimiento? Si *no* sabes las respuestas a estas preguntas casi te puedo garantizar que el fuego del deseo legítimo dado por Dios iniciará tu quebrantamiento y arderá por fuera de la chimenea con una ferocidad que parecerá imparable.

Si sabes la respuesta (si entiendes tu quebrantamiento) entonces tus esfuerzos de deforestar los árboles muertos crearán una línea de fuego que impedirá que el incendio forestal de la pasión sexual arda descontroladamente. Aceptar tu quebrantamiento es un proceso desalentador. Pero debemos comprenderlo para experimentar verdadera libertad.

4

Cómo reunir los pedazos rotos

El asunto tiene que ver con el vacío en el corazón.

—ADDICTION FOR DUMMIES

Tu ineptitud es el primer requisito.

—JOHN GAYNOR BANKS

—¿Qué estás haciendo en casa tan temprano? —quiso saber mi esposa cuando atravesé la puerta principal.

—Decidí venir a casa —respondí.

—Pero me acabas de decir por teléfono que te quedarías haciendo un trabajo —objetó ella; la mirada de confusión en el rostro me advirtió que deseaba saber más.

Yo había llamado a mi esposa para decirle que debía trabajar hasta tarde. No era así. Mi plan era entregarme a mi ritual de búsqueda computarizada de sexo. Pero algo me hizo cambiar de idea. Ella quedó más que sorprendida cuando solo veinte minutos después de mi llamada entré a nuestro departamento.

—Dije que *quizás* me quedaría trabajando hasta tarde.

Ahora yo estaba contradiciendo lo que en realidad había expresado. Esta era la primera vez desde que tengo memoria que no había preparado una coartada. Estaba improvisando el camino a seguir.

—Dijiste que te quedarías o no lo dijiste. No hay quizás. ¿Cuál de las dos opciones?

El clima emocional en la sala comenzó a subir. Repentinamente mi alegre esposa se puso a la defensiva. La sangre me huyó de la cara y la boca se me secó.

—Lo que quise decir es... es... es que eh... estaría *en casa* más tarde, pero que yo, yo estaba saliendo de la oficina justo en ese momento.

Esperé que ella no notara mi frente sudorosa.

—Tenía que ocuparme de algunas cosas —expliqué, con la esperanza de que mi esposa no insistiera en el asunto y cambiara de tema.

—¿De qué *clase* de cosas tenías que ocuparte?

Nunca me habían interrogado en un tribunal, pero imaginé que sería algo parecido.

—Yo, eh, bueno... yo, este...

Ninguna palabra inteligible me salía de la boca, pero la apariencia del rostro ruborizado y el corazón palpitante me traicionaron.

—Michael, ¿qué está pasando?

No tenía sentido continuar con la farsa. Ella me había atrapado. El dique que contenía las mentiras y el engaño había explotado.

—No tenía que quedarme en el trabajo —musité.

—¿Por qué entonces dijiste que lo harías? ¿Qué estabas haciendo?

Después de lo que parecieron horas de silencio pronuncié las palabras que mi esposa ha temido desde entonces.

—Hay algo que tengo que decirte...

Durante las horas siguientes hablé sin parar de mi vida secreta: porno, prostitutas, personas y lugares de los cuales ella no conocía. Decir que Julianne estaba devastada sería una descripción insuficiente. Estaba en estado de shock, sintiéndose traicionada, confundida, enojada. Dormí en el piso esa noche... y muchas noches siguientes, mientras ella lloraba hasta dormirse detrás de la puerta cerrada de la alcoba.

El 10 de julio de 1994 fue el peor día de mi vida. Fue cuando desaté un huracán de destrucción que me obligó a ver arrastrarse entre los escombros a la mujer que yo amaba. Cuando era soltero, mis acciones no afectaban inmediatamente a nadie en mi círculo de familia y amigos. Ahora las consecuencias de mi insensatez se podían ver en los ojos de Julianne. Había hecho que la peor pesadilla de mi esposa se hiciera realidad. Igual que un chofer borracho, yo estaba volando sobre un precipicio con mi esposa en el auto, obligado a verla agitándose inútilmente en cámara lenta, sin cinturón de seguridad, antes del inevitable choque.

El 10 de julio de 1994 también fue el mejor día de mi vida. ¿Qué lo hizo tan especial? Fue el día en que Dios abrió la puerta hacia la libertad. Hasta entonces yo siempre había podido saltar en el estiércol y salir oliendo a rosas. Aunque mi adicción casi se había descubierto años atrás en el incidente del periódico, esto no me había quebrantado. Fui a consejería, hablé con mis amigos acerca de la *mayoría* de mis luchas, y leí libros. Siempre creí que finalmente iba a vencer el problema por mi propio esfuerzo. Sin embargo, en realidad nunca llegué al final de mí mismo. Pero ese día me hizo añicos. Había llegado al final de un camino sin salida. No comprendía cómo había llegado allí o cómo encontrar el camino de regreso.

De algún modo ese día me las arreglé para escribir estas palabras en mi diario:

> Han pasado tres meses desde que he estado escribiendo en este diario. Esta podría ser la primera anotación sincera que alguna vez haya hecho. Hoy ha sido el día más deplorable de mi vida. Julianne y yo nos reunimos con Larry a fin de tratar mi pecado sexual y mi adulterio. Sí, adulterio. He traído destrucción a la mujer que amo. Ella está confundida. Devastada. He decapitado los miembros de su alma y la he lacerado en la parte más vulnerable de su corazón. He destrozado su confianza y me he burlado de mis votos matrimoniales. Hoy... me encuentro indefenso. Impotente. Inerme. Soy totalmente incapaz ahora mismo de brindar una pizca de alegría a mi esposa. Soy incapaz de cambiar, sanar o transformar mi propia vida. Las promesas se sienten vacías. No puedo solucionar esto. No puedo solucionar lo que me pasa. Necesito el Evangelio. Dios, ten misericordia de mí.

Parafraseando a Richard Rohr, solo a través de los agujeros en nuestra alma es que nos escapamos y Dios se abre paso.[1] Yo no sabía que esta experiencia de profundo quebrantamiento era precisamente lo que necesitaba para que Dios irrumpiera e hiciera su obra más poderosa en mí. A causa de lo sucedido debía encontrarme cara a cara con lo destrozado que me hallaba.

Ese verano empecé a comprender que mi mundo interior era como los árboles infestados de insectos en la hacienda de mi amigo. A pesar de que años antes decidí seguir a Jesús, descubrí que las raíces de mi alma se hallaban enredadas y enfermas, y que solo habían conocido condiciones cada vez mayores de sequía. Puesto que me encontraba espiritual y emocionalmente sin salud, no es de extrañar que cualquier chispa de deseo dado por Dios hiciera que un incendio forestal de pasión sexual ardiera sin ningún control.

SOMOS HOMBRES VENCIDOS QUE DEBEMOS VIVIR CON NUESTRO QUEBRANTAMIENTO

En lo profundo de nuestras almas masculinas sospechamos que algo no está bien. Sumergida bajo la superficie, una parte de nosotros se mantiene intacta y sin ser afectada por nuestra nueva vida en Cristo. Esto no debería llegar de manera sorpresiva. Sin embargo, para muchos hombres es más fácil atribuir las cosas que no están del todo bien a una racha de mala suerte, a no estar en plena forma, o a necesitar un «ajuste de motor» para sus vidas.

Nuestras luchas con la pornografía funcionan del mismo modo. Retrasamos enfrentar nuestros problemas, esperando algún punto en el futuro en que las dificultades simplemente se evaporen, o que descubramos la solución mágica. Nos preguntamos si no estamos haciendo algo de modo correcto, luego determinamos que con suficiente esfuerzo encontraremos la manera de eliminar el problema. Pero dime, ¿para qué necesitamos a Dios si es así como vivimos? Solo cuando reconozcamos la honda ruptura en nuestras almas nos sentiremos obligados a buscar al Señor con una pasión que brote desde lo profundo.

El hecho es que somos hombres vencidos. En algún lugar muy hondo sentimos la fractura en nuestra alma, una fisura que abarca nuestro pecado y que se extiende más allá. Nuestros corazones, los recipientes que contienen al amor, están rotos. Es por eso que aunque bebamos profundamente de las aguas vivas del Señor, volvemos a estar sedientos. Como cántaros de barro con paredes agrietadas, goteamos porque nos encontramos desechos.

¿Estás consciente de todas aquellas cosas que no puedes corregir por tu cuenta? ¿Lujuria? ¿Impulsividad? ¿Ira? ¿Impaciencia? ¿Pasividad? ¿El modo en que juzgas a otros? ¿La manera en que el dinero se te va por un agujero en el bolsillo? ¿La forma en que sacas a relucir nombres de gente importante? ¿Y qué hay del residuo de vergüenza que has llevado por tanto tiempo? ¿O de los recuerdos que te persiguen? ¿De las fantasías y los pensamientos privados de los que nadie sabe?

Durante los primeros tres años de mi matrimonio albergué fantasías de ser soltero. Amaba a mi esposa (tanto como cualquier hipócrita sexualmente adicto podría hacerlo) pero me molestaba verme obligado a pensar en alguien más que no fuera yo. Debajo de mi fachada nadie supuso alguna vez que yo fantaseara regularmente con que Julianne moría, todo para tener libertad de ir tras mi tenebrosa versión de felicidad personal. Al no saber de dónde venían mis sueños desequilibrados, a menudo me preguntaba: «¿Qué *es* esto?». Me hallaba destrozado. Entre mis propias decisiones insensatas y la manera en que la vida me había conformado, yo era cualquier cosa menos alguien íntegro.

Al ministrar a hombres a lo largo de los años, una de las preguntas más frecuentes que oigo es: «Quiero ser un hombre de integridad». Sin duda, ser un hombre de integridad debería ser una prioridad para todo individuo que decide seguir a Jesús. Pero la mayoría de veces creemos que integridad es exhibir buena moral, tener carácter firme, y obedecer con diligencia los mandamientos de Dios. En realidad, estas características son consecuencias de la integridad. El término integridad, tomado de la palabra latina *integer*, significa ser *entero*. Así como a un número sin fracciones se le conoce como *entero*, a un hombre pleno se le llama un hombre de *integridad*. Un individuo que es completo es un hombre moral y obediente. Cada una de estas condiciones fluye *de* la integridad.

Solo días después de divulgarle mi doble vida a Julianne le confié todo a mi amigo Dudley, incluyendo las mentiras que le había contado a él mismo. Al final de una difícil conversación me dijo: «Michael, tú eres un hombre con una vida. El problema es que has estado viviendo como si fueras varios hombres diferentes. Yo quiero, y también Dios lo quiere, que llegues a ser íntegro». Sus amables palabras describieron mi quebrantamiento, pero también señalaron hacia la visión del Señor para mí: ser íntegro.

El rey David fue un hombre íntimamente familiarizado con su quebrantamiento. Consciente de su corazón escindido, en Salmos 86.11 escribió: «Enséñame, oh Jehová, tu camino; caminaré yo en tu verdad; afirma mi corazón para que tema tu nombre».

Cuando un hombre sana de su adicción a la pornografía *debe* entender su quebrantamiento y permitir que esta lo fuerce a ir hacia Jesús. Nuestro quebrantamiento es el único requerimiento para recibir la gracia de Dios.

NUESTRA CONDUCTA SOLO ES LA PUNTA DEL ICEBERG

Jesús enseñó que el adulterio y la inmoralidad sexual salen del corazón (Mateo 15.19). Sin embargo, ¿qué significa esto? En su libro clásico *Inside Out*, Larry Crabb compara nuestro mundo interior con un iceberg. La punta visible del iceberg representa nuestros comportamientos, pensamientos conscientes, y sentimientos, lo que las personas ven y sienten. La masa del iceberg debajo del agua representa aquellas cosas que no se pueden identificar fácilmente, e incluyen motivos, propósitos y actitudes del corazón, así como recuerdos dolorosos y emociones ocultas.[2] No se necesita mucho para comprender que una persona puede parecer moralmente disciplinada, espiritualmente madura, y emocionalmente entera, pero que debajo de la superficie puede seguir siendo egoísta e inmadura. No obstante, es debajo de la superficie del agua, en el lugar de nuestro ser interior, donde se supone que el evangelio nos transforma.

En las aguas de nuestra alma se debe tratar con algo enraizado más profundamente. Sin embargo, ¿de qué se trata esto? Cuando Jesús enseñó que el adulterio y la inmoralidad sexual salen del corazón, no estaba dando una lección de anatomía. En una conversación acalorada con los profesionales religiosos de la época, Jesús había estado discutiendo qué hace limpia o inmunda a una persona. La enseñanza popular rezaba que el ser humano era inmundo por no haber seguido ciertos pasos ceremoniales. Pero Jesús revolucionó esta enseñanza. «No lo que entra en la boca contamina al hombre; mas lo que sale de la boca, esto contamina al hombre» (Mateo 15.11). Su punto era que no importa cuántos actos de obediencia realicemos, nuestros problemas son internos, no externos. Nuestras acciones y conductas (lo que sale de nosotros) son simplemente la punta del iceberg.

Como si la discusión apasionada de Jesús con los gobernantes religiosos no fuera suficiente, él pasó sin embargo a pronunciar sus palabras más duras hacia quienes creían que Dios debería impresionarse con las representaciones morales de ellos. «¡Ay de vosotros, escribas y fariseos, hipócritas! porque limpiáis lo de fuera del vaso y del plato, pero por dentro estáis llenos de robo y de injusticia. ¡Fariseo ciego! Limpia primero lo de dentro del vaso y del plato, para que también lo de fuera sea limpio» (Mateo 23.25–26).

Lo que esto significa para un hombre atrapado en las cadenas de la pornografía y la lujuria es crucial. Si de alguna forma pudieras dejar mágicamente de mirar material pornográfico y ejercer dominio propio en lugar de lujuria, aun así no estarías tratando con el problema que tienes debajo de la superficie. Solo habrías limpiado el exterior del vaso y del plato.

Salomón escribió: «Como aguas profundas es el consejo en el corazón del hombre» (Proverbios 20.5). Nuestros corazones mantienen profundas razones de por qué hacemos lo que hacemos, lo cual explica por qué nuestras acciones pecaminosas y conductas autosuficientes pueden tener sentido, al menos internamente. Según analizamos en el capítulo anterior, estamos sedientos, pero a menudo nos movemos en direcciones equivocadas a fin de satisfacer nuestra sed. El escritor de Eclesiastés escribió: «He aquí, solamente esto he hallado: que Dios hizo al hombre recto, pero ellos buscaron muchas perversiones» (Eclesiastés 7.29). Bajo nuestra superficie somos impulsados por intereses ocultos, objetivos inconscientes, y pasiones impías... maquinaciones para aplacar la sed que solo Dios puede saciar.

Conectar esas profundas pasiones y metas que hay bajo la superficie con las conductas, luchas y los problemas por sobre la superficie nos ayuda a reconocer la causa de nuestro comportamiento confuso. Comprendernos en este nivel no tiene que ver con el «qué» de nuestro pecado (*no puedo dejar de ver pornografía*), sino con el «por qué» (*la pornografía promete suplir alguna necesidad en mí*).

Las razones que explican nuestras adicciones se pueden categorizar en cuatro dimensiones entretejidas y subyacentes: *maldades, debilidades, heridas* y *contienda*.

NUESTRO QUEBRANTAMIENTO EMPIEZA CON NUESTRA MALDAD

¿Qué viene a tu mente cuando oyes la palabra *maldad*? ¿Los campos de concentración de Adolfo Hitler? ¿Las acciones de terrorismo de Osama bin Laden? ¿Asesinos en serie? A riesgo de parecer un evangelista de fuego y azufre, debo resaltar aquí cómo la maldad sirve de base para todo quebrantamiento. Bíblicamente, la maldad involucra un desafío egocéntrico hacia Dios. Desde Adán y Eva comiendo la fruta prohibida, hasta mi propio adulterio egocéntrico, la maldad obra mientras nos alejamos del Señor y nos convertimos en capitanes de nuestras almas. Así escribió el profeta: «Todos nosotros nos descarriamos como ovejas, cada cual se apartó por su camino» (Isaías 53.6). Cualquier evaluación sincera de nuestras vidas nos permite ver que la maldad mora en todos nosotros.

Afortunadamente la maldad no completa el cuadro. Es cierto que tenemos una naturaleza pecaminosa muy activa, pero hay más en cuanto a la imagen de nuestro mundo interior de pecado. La mayoría de nosotros nos damos cuenta que además de la maldad, algo más acecha en la sombra de nuestras decisiones pecaminosas. Nuestras maldades conforman cómo reaccionamos ante nuestras debilidades y heridas.

NUESTRO QUEBRANTAMIENTO ACENTÚA NUESTRA DEBILIDAD

Debilidad... el solo oír la palabra nos incomoda a muchos. Desde la ética laboral protestante y los clubes de salud hasta el Viagra, nuestro ADN personal y cultural se levanta contra la debilidad. Esta nos recuerda que somos vulnerables y dependientes. Pone al descubierto nuestras limitaciones, deficiencias, fallas e imperfecciones. La debilidad puede hacernos sentir indefensos, impotentes y desamparados. En una cultura que glorifica la fortaleza y la independencia, la debilidad es un obstáculo para la buena vida.

Todo hombre desea parecer fuerte, competente y cabal... lo que sea, menos débil. Pero ningún *verdadero* hombre, incluyendo Jesús, ha vivido alguna vez sin debilidad significativa. Entonces, ¿qué hacemos? Fingir hasta lograrlo. Nos volvemos fanfarrones. Desarrollamos una imagen. O simplemente evitamos cualquier clase de riesgo. Todas estas reacciones podrían sentar la base para la búsqueda compulsiva de pornografía.

He evitado el riesgo la mayor parte de mi vida. Hace poco me sentí culpable de arriesgarme en un esfuerzo por ocultar una debilidad. Al vivir en Colorado, a muchos de mis amigos les gustan los campamentos, las mochilas y las escaladas de montañas. Aunque siempre me he sentido atraído por tales actividades en espacios naturales, sistemáticamente las he evitado. *No tengo tiempo... No tengo el equipo... Es demasiado costoso... No estoy en forma... Algún día iré*, me convencía a mí mismo. En realidad no realizaba esas actividades por sentirme tremendamente inadecuado e incompetente. Pónganme detrás de un podio o a enseñar en un salón de clases donde me siento competente, pero no me lancen dentro de un grupo de hombres, enviándome a los bosques y pidiéndome que sea dependiente. No gracias. Paso.

Recientemente mi hijo colegial se unió a un equipo de ciclismo competitivo de montaña. El chico ha viajado a través de Colorado para montar y entrenar en algunos de los senderos más impresionantes en Estados Unidos. Yo no sabía que a los padres se les animaba a participar con sus hijos. Entonces de pronto alguien de mi propia carne y hueso, aquel ante el cual siempre quiero parecer fuerte, me está invitando a comprometer mi pasión para hacer eso mismo que me hace sentir inepto. Enfrento una decisión. Puedo vivir por temor y seguir evitando lo que me hace sentir incompetente; al hacer esto me engañaría a mí mismo y evitaría a mi hijo algunos momentos irremplazables. O puedo humillarme; reconocer mi falta de experiencia y conocimiento, y hasta de equipo adecuado; y pedir ayuda. Puedo buscar hombres que me guíen y me enseñen todo lo que creo que se supone que yo debo saber. Al hacerlo, mi debilidad se podría transformar. Al recibir el beneficio de la sabiduría de otros seres puedo conocer el gozo de perseguir la aventura con otros hombres.

En los días de mi adicción sexual evitaba toda oportunidad (incluyendo acercarme a una mujer con carácter) que pudiera poner al descubierto mi debilidad. Hoy día sigo aprendiendo lo que significa avanzar hacia mi insuficiencia, en lugar de alejarme de ella. Esto no es algo fácil, pero Dios es fiel. Antes de convertirse en cristiano, el apóstol Pablo se sentía increíblemente motivado, fuerte y triunfante. A fin de que se sincerara con Cristo, Dios debió detenerlo en seco. En el camino a Damasco el Señor lo cegó de modo temporal (Hechos 9). Al instante, este hombre autosuficiente fue obligado a depender de Dios y de otros en una manera que tal vez nunca antes le había ocurrido.

En 2 Corintios 12, Pablo describió otra debilidad: su «aguijón en la carne». Aunque no sabemos la identidad de este aguijón metafórico, su descripción parece referirse a un sufrimiento físico. Tres veces le gritó a Dios: «¡Quítame esto!». Pero el Señor le respondió: «Bástate mi gracia; porque mi poder se perfecciona en la debilidad» (v. 9).

Dios parece tener una predilección especial por la debilidad porque esta es la puerta por la cual entramos a su poder. Por medio de la debilidad rendida descubrimos que en realidad necesitamos de otras personas y de Dios; descubrimos que el Señor es una necesidad, no solo un lujo. Así que mientras los hombres típicamente evitan enfrentar su debilidad, aceptarla realmente actúa como una puerta hacia el poder divino.

NUESTRO QUEBRANTAMIENTO ABARCA NUESTRAS HERIDAS

Varios escritores han llamado acertadamente un desorden de intimidad a la adicción sexual. Hay al menos dos razones de por qué un hombre podría padecer tal condición. Una es que la intimidad nunca le fue modelada y que el individuo carece de habilidad. Sin embargo, más comúnmente la intimidad ha demostrado ser dolorosa y una fuente de heridas.

Cada vez que trabajo con un hombre durante un cuidado intensivo del alma, comienzo por pedirle que llene una historia personal detallada. Mediante un formulario él se hace el inventario de todas las heridas que pudo haber experimentado durante sus años de formación. Luego se le pide que conteste preguntas relacionadas con heridas y abuso tanto en lo físico como también en lo emocional, sexual y espiritual. Es asombroso cómo muchos hombres completan todo el inventario pero dejan en blanco la sección de las heridas. Docenas de ellos han tachado esta sección, o han escrito «N / A» para indicar que las preguntas no eran aplicables a ellos. Pero luego, cuando escucho sus historias, se me parte el corazón por:

- el hombre que a los trece años de edad descubrió el cadáver de su padre justo después de que este se suicidara
- el hombre que fue acariciado sexualmente por su jefe de exploradores
- el hombre que el primer día en la guardería se enteró que sus padres murieron en un accidente automovilístico cuando iban a recogerlo después de la escuela
- el hombre cuyo padre era un amado diácono en la iglesia pero que regularmente expresaba su ira ante sus hijos y golpeaba a su esposa
- el hombre que fue objeto de burlas y acoso en la secundaria porque usaba aparatos ortopédicos en las piernas
- el hombre cuyo padre le habló de sexo entregándole un paquete de condones y diciéndole que se asegurara de no dejar embarazada a una chica.

Todos estos hombres me informaron al principio que no tenían heridas. *No aplicable. No conmigo. Estoy bien.* Ninguno de ellos mintió de manera voluntaria ni quiso engañar. Simplemente habían cortado esa parte de sí mismos para sobrevivir. No obstante, el problema es que las técnicas de sobrevivencia que nos ayudaron a seguir adelante cuando éramos jóvenes, nos impiden prosperar cuando somos adultos. Nuestra solución se convierte en el problema.

A menos que comprendamos que estamos lastimados, nunca reconoceremos cómo es que recurrimos a la pornografía como a un bálsamo para sanar las heridas de nuestros corazones. Como hombres podemos admitir nuestras maldades y quizás nuestras debilidades, pero nuestras heridas tocan algo demasiado profundo, demasiado tierno. Nuestra cultura nos dice que los hombres deben ser fuertes y resistentes, insensibles e impasibles ante el dolor. Reconocer nuestras heridas se siente como una traición a nuestra masculinidad. Pero la verdad es exactamente lo opuesto.

Jesús es nuestro modelo en cuanto a manejar las heridas. Entre sus muchos nombres y descripciones en la Biblia, se le llama el Gran Médico (basado en Marcos 2.17). Su misión durante sus tres años de ministerio consistió en predicar las buenas nuevas del reino, expulsar demonios y sanar enfermos (Mateo 4.23–24).

¿Por qué entonces muy a menudo limitamos el ministerio de Jesús ligándolo solo con perdonar y pagar por el pecado? Su muerte en la cruz restauró nuestra relación con Dios y nos permitió recibir vida eterna en el cielo. Pero la restauración de nuestra relación con Dios también hace posible la restauración *en nosotros*. La vida eterna no comienza después de nuestra muerte... comienza ahora mismo. Así como la crucifixión de Jesús nos muestra el corazón bondadoso de Dios, las milagrosas sanidades de Jesús nos revelan el corazón de gracia del Señor; él es un Dios que restaura y hace nuevas todas las cosas (Apocalipsis 21.5).

A través de toda la Biblia, el Señor ofrece sanidad:

- «Yo soy el Señor, que les devuelve la salud» (Éxodo 15.26, NVI).
- «Yo haré venir sanidad para ti, y sanaré tus heridas» (Jeremías 30.17).
- «Yo les traeré sanidad y medicina; y los curaré» (Jeremías 33.6).

El alma de un hombre podría resultar herida de dos maneras. Las *heridas de presencia* son pecados de comisión: actos intencionales o no, que nunca debieron haber ocurrido pero que han causado dolor y perjuicio. Por otro lado, las *heridas de ausencia* son pecados de omisión: actos dolorosos o dañinos que ocurrieron porque algo no se hizo (como rechazo o abandono).

Algunas heridas no son el resultado de hechos específicos sino la lenta acumulación de desilusiones. No es el ladrillazo en la cabeza lo que nos cuesta aceptar como una herida, sino la acumulación gota a gota de dolor y tristeza lo que también nos puede erosionar el alma.

Al comenzar a enfrentar el verdadero impacto de sus lacerantes experiencias, muchos hombres sienten la necesidad de defender a la persona que ocasionó la herida, en especial si se trata de un padre o un ser querido. «No fue culpa suya», manifiestan. Pero admitir nuestras heridas no tiene que ver con culpar sino con explicar el perjuicio que ha ocurrido. D. H. Lawrence escribió:

> *No soy un mecanismo, un montaje de varias secciones.*
> *Y no es porque el mecanismo esté funcionando mal que estoy*
> *   enfermo.*
> *Estoy enfermo a causa de las heridas del alma, al profundo*
> *   yo emocional*
> *Y las heridas del alma permanecen mucho, mucho tiempo,*
> *   solo el tiempo puede ayudar*
> *También paciencia, y cierto arrepentimiento difícil.*[3]

Qué hermoso es cuando un hombre se humilla ante la cruz y se arrepiente de sus maldades. Qué maravilloso es cuando un hombre confía su debilidad a Dios. Sin embargo, qué glorioso es cuando un hombre enfrenta sus heridas y las rinde a los propósitos redentores del Señor. Richard Rohr nos recuerda que el dolor que no se transforma se convierte en dolor que se transmite.[4] En otras palabras, a menos que nuestras heridas sean sanadas, finalmente pasaremos nuestro dolor no resuelto a nuestros seres amados. Esto puede suceder por generaciones.

NUESTRO QUEBRANTAMIENTO ATRAE LA CONTIENDA DEL ENEMIGO

Si la maldad es la base de todo quebrantamiento, entonces la contienda es el hilo que vincula aquel quebrantamiento. En la batalla contra la pornografía, la lujuria y el pecado sexual, la contienda involucra mucho más que cuerpos desnudos. Como ya hemos analizado, esto incluye nuestra maldad, nuestra debilidad y nuestras heridas. Pero también batallamos contra las fuerzas del mal que antes de la creación del mundo se dedicaron a destruir la fe, la esperanza y el amor. Cuando se ataca la sexualidad del hombre (una expresión esencial de la naturaleza de Dios) este objetivo se logra más fácilmente. Satanás y sus secuaces te odian debido a la luz y la vida que hay en tu interior. Refiriéndose a Satanás y sus ángeles de las tinieblas, Pablo escribió que «No tenemos lucha contra sangre y carne, sino contra principados, contra potestades, contra los gobernadores de las tinieblas de este siglo, contra huestes espirituales de maldad en las regiones celestes» (Efesios 6.12).

El enemigo acecha en las brasas de tus maldades, debilidades y heridas, tratando de lanzar combustible a los fuegos de tu quebrantamiento. En contraste con Jesús el Cristo, quien vino a brindar vida, nuestro enemigo vino a robar, matar y destruir tu alma (Juan 10.10). Ese enemigo anda como león rugiente buscando devorarte (1 Pedro 5.8). Él es el padre de mentira y nuestro acusador (Job 1.6–11; Apocalipsis 12.10). Una de sus armas más poderosas es el engaño. Si el enemigo logra convencerte de que creas sus mentiras, entonces puede aplastar cualquier verdad que te podría hacer libre. (En el capítulo 9 me enfocaré más profundamente en la realidad de esta batalla invisible.)

CÓMO RENDIRSE A NUESTRO QUEBRANTAMIENTO

El mayor obstáculo para la vida de libertad que Dios desea para nosotros no es nuestro quebrantamiento. Es nuestro quebrantamiento sin rendición. Cuando nos encubrimos o nos negamos a rendir nuestra maldad, nuestra debilidad y nuestras heridas, estas no solo permanecen fuera de la vista sino también fuera del reino de sanidad.

Rendirse significa más que «soltar el problema y dejárselo a Dios». Significa decir sí a su continua invitación de acercarnos y de verlo como realmente él es. Rendirnos es una de las expresiones más profundas de confianza en un Dios que, si *no* fuera digno de confianza y lleno de bondad, estaría pidiéndonos que hiciéramos lo absurdo. Sam Keen escribió:

Rendirse es un riesgo que ningún hombre cuerdo puede tomar.
La cordura no rendida es una carga que ningún hombre puede
llevar.
Dios me da locura que no puede destruirme.
Además me ofrece sabiduría, responsabilidad y amor.[5]

En la persona de Jesucristo lo absurdo de la rendición parece irracional, porque no hay nada racional acerca del Dios que creó atardeceres y paisajes marinos a fin de revelársenos en medio del quebrantamiento. Pero lo hizo por nosotros. *Estas son las buenas nuevas.*

En Jesús, Dios nos rescata de la maldad. El apóstol Pablo escribió: «Y a vosotros, estando muertos en pecados y en la incircuncisión de vuestra carne, os dio vida juntamente con él, perdonándoos todos los pecados, anulando el acta de los decretos que había contra nosotros, que nos era contraria, quitándola de en medio y clavándola en la cruz» (Colosenses 2.13–14).

En Jesús, Dios se nos revela en la debilidad. Él entró al mundo como un bebé, nació de una campesina adolescente soltera y fue acunado en un comedero de animales. Vivió como un siervo desamparado que lavó los pies a sus discípulos. Luego murió como un criminal (Lucas 23.32–33).

En Jesús, Dios sana nuestras heridas: «Por su llaga fuimos nosotros curados» (Isaías 53.5).

En Jesús, Dios ha derrotado al enemigo con su avance: «Despojando a los principados y a las potestades, los exhibió públicamente, triunfando sobre ellos en la cruz» (Colosenses 2.15).

En Jesús, Dios se quebrantó por nosotros para que pudiéramos restaurarnos: «Mientras comían, Jesús tomó pan y bendijo, y lo partió y les dio, diciendo: Tomad, esto es mi cuerpo. Y tomando la copa, y habiendo dado gracias, les dio; y bebieron de ella todos. Y les dijo: Esto es mi sangre del nuevo pacto, que por muchos es derramada» (Marcos 14.22–24).

¿Cuáles son las vulnerabilidades, limitaciones desventajas, deficiencias e imperfecciones que conforman tu quebrantamiento? ¿Qué has hecho con el dolor que has recibido y con las heridas que soportas?

5

Exposición de las falsificaciones

Jesús solo viene a nosotros en nuestras realidades, no en
nuestras ilusiones.

—DR. EKIE KIKULE

—Hola, amigo. ¿Te gustan los relojes de diseño? Los tengo de toda
clase —inquirió el mañoso vendedor en un fuerte acento malasio.

—Solo estoy mirando —contesté—. ¿Sin embargo, tienes por
casualidad el Omega James Bond Seamaster 007 edición limitada?

Parte de mí quería ver cómo era el artículo, y otra parte esperaba que el sujeto no lo tuviera, solo para poder seguir mi camino.

—Creo que lo tengo. Ya regreso.

Antes de que me diera cuenta el hombre había atravesado la
calle, desapareciendo en un mar de cuerpos. Música resonaba, hile-
ras de coloridas luces centelleaban en lo alto, y el olor a comida
china en puestos ambulantes flotaba en la atmósfera del mercado al
aire libre de Kuala Lumpur, capital de Malasia. Después de hablar
y ministrar a pastores toda la semana, esta era mi última noche en
la ciudad.

Si nunca has estado en un mercado nocturno en Asia, deberías añadir esto a tu lista de cosas por hacer. Me agradecerás o me
enviarás furiosos e-mails. Además de los artículos turísticos repre-
sentativos de la cultura local, todo mercado nocturno, cualquiera
que sea la ciudad, tiene una línea de mercancías estándar. Verás
artículos de diseñadores como Gucci, Coach y Calvin Klein: ropa,
lentes para el sol, maletas, carteras y perfumes. Hallarás las mejores

marcas de electrónicos, como Apple y Sony. Verás más encendedores y navajas de las que podrías imaginar. Y finalmente están los relojes. Adondequiera que mires hay relojes. Todos estos artículos tienen algo en común. Seguramente son cien por ciento falsificados. Y allí estaba yo, un ministro estadounidense, parado en una acera de Asia, esperando al vendedor de relojes de imitación, quien sin duda alguna había ido a buscar a la policía y haría que me llevaran esposado. Pero de pronto el sujeto reapareció entre la multitud, portando una pequeña maleta.

—¡Tengo Omega Seamaster, amigo! James Bond, 007, ¿verdad? —informó, abriendo la maleta sobre un separador de concreto en la calle.

Una mirada al reloj y mi corazón comenzó a palpitar. Era hermoso, y quise ponérmelo. Yo sabía que se trataba de una falsificación. Él también lo sabía. Pero en nuestra conspiración compartida continuamos con la payasada. Me puse el reloj, pero la pulsera era muy grande. El tipo le quitó dos eslabones y la correa me quedó como anillo al dedo.

—Lindo Omega. Qué hermoso se ve en usted ese reloj.

No habíamos discutido el precio, pero él se me adelantó.

—Trescientos ringgits por este hermoso reloj, señor —pidió.

Inmediatamente calculé el tipo de cambio del ringgit malasio a dólares estadounidenses. A ese precio me costaría cerca de noventa y cinco dólares, casi cuatro mil menos que el original. Después de participar en el regateo obligatorio acordamos un precio mucho más bajo, y me convertí en el orgulloso propietario de un reloj falso de cuatro mil dólares.

Hoy día ese accesorio se encuentra en el primer cajón de mi cómoda. El corazón ya no se me acelera cuando lo miro. Por el contrario, siento cierta molestia al recordar que no es el objeto verdadero. El reloj tampoco funciona. Solo dos meses después dejó de funcionar. Exactamente como ese reloj, la pornografía se presenta como lo verdadero, cuando en realidad es cien por ciento falsa. Y exactamente como aquel reloj, nunca está a la altura de nuestras expectativas. Permíteme entrar en detalles.

OTRO ASTUTO VENDEDOR

En Lucas 4, cuando Satanás tentó a Jesús, el Hijo de Dios rechazó tres ofrecimientos falsos que le fueron hechos en un intento por hacerlo descarrilar de su misión:

- «Jesús, lleno del Espíritu Santo, volvió del Jordán, y fue llevado por el Espíritu al desierto por cuarenta días, y era tentado por el diablo. Y no comió nada en aquellos días, pasados los cuales, tuvo hambre. Entonces el diablo le dijo: Si eres Hijo de Dios, di a esta piedra que se convierta en pan. Jesús, respondiéndole, dijo: Escrito está: No solo de pan vivirá el hombre, sino de toda palabra de Dios» (vv. 1–4). La primera estrategia que Jesús oyó fue una apelación a convertirse en un bien falso. Él no había comido durante más de un mes. Su obvia debilidad era el hambre. Por tanto, ¿qué utilizó el enemigo como blanco? Apuntó directo al deseo legítimo de Jesús: sustento... *di a esta piedra que se convierta en pan.*
- «Y le llevó el diablo a un alto monte, y le mostró en un momento todos los reinos de la tierra. Y le dijo el diablo: A ti te daré toda esta potestad, y la gloria de ellos; porque a mí me ha sido entregada, y a quien quiero la doy. Si tú postrado me adorares, todos serán tuyos. Respondiendo Jesús, le dijo: Vete de mí, Satanás, porque escrito está: Al Señor tu Dios adorarás, y a él solo servirás» (vv. 5–8). La segunda estrategia que Jesús oyó fue una apelación a una *falsa adoración*. Satanás quiere que tú adores un ídolo en vez de Dios. Una de sus tácticas básicas es decir: *Todo esto será tuyo si...*
- «Y le llevó a Jerusalén, y le puso sobre el pináculo del templo, y le dijo: Si eres Hijo de Dios, échate de aquí abajo; porque escrito está: A sus ángeles mandará acerca de ti, que te guarden; y, en las manos te sostendrán, para que no tropieces con tu pie en piedra. Respondiendo Jesús, le dijo: Dicho está: No tentarás al Señor tu Dios» (vv. 9–12). La tercera estrategia fue una apela-

ción a una *verdad falsificada*. Satanás citó astutamente la Biblia, pero la usó en una manera que ocasionaría la destrucción de Jesús. *Si te lanzas, Dios te rescatará.*

Esto explica por qué la pornografía es una trampa para nuestras almas. Nos vende un montón de mentiras para hacernos sentir llenos de vida... por un momento. Pero la «vida» que pregona es ciento ochenta grados diferente de la que Jesús ofrece. La «vida» de lo pornográfico es una falsificación, exactamente como mi reloj Omega.

Al luchar con malos frutos por sobre la superficie (como adicción a la pornografía y otros comportamientos que nacen del deterioro sexual), debemos entender los orígenes ocultos debajo de la superficie, de los cuales crecen estos comportamientos. En mi experiencia, las mismas tres adulteraciones espirituales yacen en la raíz del problema: bienes falsos, adoración falsa y verdad falsa.

BIEN FALSIFICADO

Durante siglos los escritores de espiritualidad cristiana han enseñado acerca de la «vida centrada». Esto significa estar conectados y vivir desde el centro profundo de nuestro ser, donde Dios habita. Al estar realmente centrados experimentamos un profundo sentimiento de bienestar, gozo y paz. Sin embargo, en mi experiencia son muchas más las personas que hablan de la vida centrada que las que la viven. Esto se debe al bien falsificado.

Al momento de escribir este capítulo me encuentro bajo un plazo apremiante. No sorprende entonces que mientras trabajo en mi oficina haya experimentado premuras intensas de ir a Starbucks por un helado de vainilla Venti Quad Skinny Latte, cruzar el estacionamiento hacia el cercano centro comercial para mirar vidrieras, navegar en Internet, llevar a mi esposa a almorzar, escribir notas de agradecimiento, revisar el *New York Times* en mi iPhone, comenzar a leer la nueva biografía de Bonhoeffer en mi estante, y conducir hasta el Apple Store para comprar cualquier cosa.

Ten en cuenta que ninguna de las cosas enumeradas es intrínsecamente mala, y algunas son incluso admirables. Lo que cada una de estas acciones tiene en común es su asombrosa capacidad de proveer una falsa sensación de estar centrados. Un bien falso siempre apela a deseos legítimos. Hoy día mi deseo legítimo es por paz y aptitud. Cuando el diablo tentó a Jesús a que convirtiera piedras en pan, estaba apelando al legítimo deseo de comer. En el caso de mi reloj de imitación, el deseo legítimo era un anhelo por aprobación y aceptación, nacido de mi inseguridad. Con la pornografía, cualquier cantidad de deseos legítimos podrían alimentar la lujuria: afecto, consuelo, fortaleza o afirmación.

Podría ser útil comparar los *regalos del diseñador* con *regalos del engañador*. Los primeros son bendiciones de Dios y resultan ser provisión para nuestras necesidades auténticas como seres humanos, y también para nuestros deseos y anhelos dados por el Señor. Por ejemplo, los hombres anhelan naturalmente afirmación y afecto de parte de una mujer real. Dios nos diseñó así. Una mujer de veras que nos ofrezca verdadero sexo e intimidad, y que apele a que intensifiquemos la hombría real en el contexto de las realidades cotidianas de la vida, es un regalo. El matrimonio, aunque no dado para todo el mundo, es uno de los más gratificantes obsequios de gracia de parte de nuestro Diseñador.

¡Pero es un *regalo*! Deja de ser una gentileza cuando ilegítimamente intentamos adquirir sus beneficios para nosotros mismos; es decir, cuando tratamos de suplir nuestras propias necesidades de aceptación, afirmación y afecto por nuestros propios medios. El Señor nos advierte que un engañador querrá tomarnos por tontos: «Amados hermanos míos, no erréis. Toda buena dádiva y todo don perfecto desciende de lo alto, del Padre de las luces, en el cual no hay mudanza, ni sombra de variación» (Santiago 1.16–17).

Mi amigo Danny es apasionado por el béisbol. También está muy comprometido en trabajar en su alma: entender su quebrantamiento y caminar con Jesús a fin de ser restaurado. En el 2005 manejamos juntos para asistir al partido inaugural de los Rockies de Colorado. Durante nuestro viaje me contó que no se había perdido un solo partido de la jornada inaugural en años.

Como participante en un grupo de varones, mi amigo se dio cuenta que «necesitaba» asistir al juego inaugural del modo en que un alcohólico necesita un trago. Hace poco Danny había descubierto que la jornada inaugural le entumecía el sufrimiento de haberse criado con un padre ausente, porque esto simbolizaba el mínimo tiempo y la poca atención que su padre le daba. Su legítimo deseo de participación paternal se adhería a un regalo del diseñador... un bien legítimo.

Pero debido a que la asistencia a la jornada de inauguración era un intento de protegerse del dolor de la herida, el bien legítimo se convirtió en un bien falsificado. El hombre estaba convirtiendo piedras en pan. El partido al que asistimos juntos constituyó la primera vez en que su corazón se encontró libre de la necesidad de estar allí.

Toda dádiva de nuestro Diseñador tiene un regalo correspondiente del engañador: un presente «sombra». Y puedes apostar tus trescientos ringgits a que cada regalo del engañador es una falsificación. Satanás no puede crear nada; tan solo puede tomar lo que ha sido creado y distorsionar el diseño original. Por tanto, estamos tentados a exceder el regalo de alimentos del Diseñador. Podríamos hacer un dios del alcohol (recurriendo a este de modo adictivo para satisfacer toda clase de necesidades internas) o quizás hacer un dios de *no* beber alcohol. Nos engañamos al creer que los regalos del engañador realmente nos harán florecer.

Jonás nos advirtió que no podemos mantener al mismo tiempo tanto la falsificación como lo verdadero. Debemos elegir. Él escribió: «Los que siguen a ídolos vanos abandonan el amor de Dios» (2.8, NVI). La falsa adoración nos inutiliza para que recibamos los buenos regalos de Dios. Cuando los israelitas estaban huyendo de la esclavitud hacia la verdadera libertad en la tierra prometida, se alimentaban de Dios y de la provisión divina de maná. Pero amenazaron con volver a los dioses de Egipto, donde podían disfrutar de puerros y cebollas aunque viviendo en esclavitud. Adoptar la falsificación significa perder lo real.

Eso es lo que lo pornográfico y la lujuria hacen con nosotros. Nos dicen que no vamos a recibir la provisión de Dios, y que nunca nos satisfaremos con el maná divino, así que es mejor hallar nuestro propio maná. Pero la intimidad que experimentamos en esos momentos ilícitos es una intimidad falsa. Esta imitación nos hace sentir como hombres sin exigirnos *ser* hombres... hasta que despertamos un día con una imitación barata de intimidad en nuestro cajón superior. Igual que mi falso reloj.

Comenzamos nuestro viaje de la esclavitud a la libertad cuando ponemos al descubierto las falsificaciones que originan nuestro quebrantamiento, y cuando admitimos nuestra sed por lo verdadero. Esto involucra cambiar nuestro enfoque de los objetos externos de tentación (p. e., mujeres y pornografía) y, como ya afirmé, dar una auténtica mirada a las raíces espirituales debajo de la superficie.

VERDAD FALSIFICADA

No solo que todos nuestros intensos impulsos pueden facilitarnos una sensación de bien falsificado, también pueden proporcionarnos un falso sentido de la verdad. Esta verdad es que mi nivel de estrés está muy por encima del promedio, y que cualquiera de los bienes falsificados ya mencionados me permitiría escapar momentáneamente de ese estrés. Sin embargo, estos bienes a lo sumo pondrán un parche sobre el problema. En el peor de los casos, crearán más estrés a través de dejar las cosas para mañana, gastar de forma compulsiva, y consumir en exceso.

La porno, la compulsión sexual, y la adicción sexual nos permiten escapar de las dolorosas realidades en nuestras vidas, al menos por un poco de tiempo. Pascal escribió: «El modo de hacer feliz a un hombre es relacionarlo con un objeto que le haga olvidar sus tribulaciones privadas».[1] Si me estoy sintiendo triste, rechazado, solo o irritable, la pornografía o la lujuria me ayudarán inicialmente a no tener que tratar con esos sentimientos desagradables. Las adicciones son estrategias que usamos para evadir la verdad de nosotros mismos, impidiéndonos ver lo que es cierto respecto a nosotros. Nos ofrecen permiso temporal para vivir en negación, ayudándonos a suprimir verdades inconvenientes o incómodas. Pero el escape no es real, ni perdurable. Lo que nuestras almas realmente necesitan y ansían es libertad, transformación y liberación. Y según Jesús, el único camino que lleva por esa senda conduce directamente a la verdad: «Si vosotros permaneciereis en mi palabra, seréis verdaderamente mis discípulos; y conoceréis la verdad, y la verdad os hará libres» (Juan 8.31–32).

ADORACIÓN FALSIFICADA

En *Los hermanos Karamázov*, Fiódor Dostoievski escribió que ningún hombre puede vivir sin adorar algo.[2] Esto explica por qué Dios comenzó el primero de los Diez Mandamientos recordándonos que él es un Dios celoso que no tolerará que tengamos ningún otro dios delante de él. Y luego, en el segundo mandamiento nos advierte que no adoremos ídolos (Éxodo 20.3–4). La adoración es reflexiva a todos nosotros. Ya sea que hayas sido cristiano durante décadas o que seas ateo, en tu corazón adoras a algo o alguien. Podrías adorar la pornografía, el sexo o la belleza femenina. Quizás adores los logros, el dinero o la reputación. Es posible que adores la comida, cosas materiales o la aprobación de las personas. Pero todos adoramos algo.

Bíblicamente, a toda adoración falsa se le considera idolatría, lo cual es más de lo que algunas personas hacen en culturas lejanas cuando se inclinan ante estatuas. Tim Keller escribió: «Un ídolo es cualquier cosa que sea más importante para ti que Dios, cualquier cosa que te absorba el corazón y la imaginación más que el Señor, cualquier cosa que busques para que te ofrezca lo que solo Dios te puede dar».[3]

La Biblia describe con exquisita y detallada visualización nuestra relación conflictiva con los ídolos. Por ejemplo, expresa que tendemos a hacer ídolos y volvernos a ellos, a poner ídolos en nuestros corazones, a levantar nuestras almas a los ídolos, a servir y aferrarnos a ídolos, a consultar y alardear en ídolos, y a hacerles sacrificios. ¿Por qué es eso tan malo? Por muchas razones, pero una en particular es que espíritus demoníacos están unidos a estos ídolos (1 Corintios 10.20).

Las Escrituras también nos advierten que cuando nos entregamos a un ídolo, este nos atrapa y no podemos liberarnos (Deuteronomio 7.25). Llegamos a creer que un ídolo nos está sirviendo, cuando en realidad somos nosotros quienes le servimos. Nos hemos prendado de un «dios» falso al que adoramos.

Incredulidad yace en el corazón de la idolatría. Algunos cristianos bienintencionados podrían decir: «Soy creyente, por tanto la incredulidad no es un problema para mí». Pero casi nunca se relaciona a la incredulidad con la existencia de Dios o con el hecho de que creamos que el cristianismo sea verdadero. En vez de eso, la incredulidad tiene que ver con el carácter de Dios: ¿Es él confiable, y es en realidad quien afirma ser? En su libro clásico *El conocimiento del Dios santo*, A. W. Tozer sugiere que la idolatría está haciendo la pregunta: «¿Cómo es Dios?», y obtiene la respuesta equivocada.[4] Cuando obtenemos la respuesta errónea a la pregunta de cómo es Dios, tomamos el asunto en nuestras propias manos. Nos volvemos hacia algo o alguien que creemos que nos proporcionará lo que nuestras almas necesitan, y antes de que nos demos cuenta nuestra adoración se vuelve falsa porque nuestro nuevo dios también es falso. Tim Keller escribió: «Un dios falso [ídolo] es todo aquello que es tan central y esencial para nuestra vida que, si lo perdemos, sentimos que difícilmente vale la pena vivir. [...] Un ídolo tiene una posición tan controladora en nuestro corazón que, sin pensarlo dos veces, podemos gastar en él la mayor parte de nuestra pasión y energía, nuestros recursos emocionales y hasta económicos».[5]

Por supuesto, pocos admitiríamos aun para nosotros mismos que la pornografía se haya convertido en un ídolo, al menos no hasta que entendamos lo importante y esencial se ha convertido en nuestra vida, y hasta que reconozcamos el poder controlador que ejerce en nosotros. Luego nos damos cuenta que estamos adorando a un dios falso.

A pesar de mis luchas con la lujuria y la pornografía en mis primeros años de seguir a Cristo, intencionalmente me dediqué a practicar las disciplinas cristianas, en especial a memorizar versículos. Así que a fin de armarme para la guerra contra la tentación sexual memoricé 1 Corintios 10.13: «No os ha sobrevenido ninguna tentación que no sea humana; pero fiel es Dios, que no os dejará ser tentados más de lo que podéis resistir, sino que dará también juntamente con la tentación la salida, para que podáis soportar».

Para un joven que batallaba con compulsiones sexuales, la promesa de no ser tentado más allá de lo que yo podía resistir, y de que se me daría una salida, eran noticias extraordinariamente buenas. ¿Por qué entonces seguía cayendo en la tentación con una frecuencia cada vez mayor? Incluso con el versículo grabado en mi mente y oculto en mi corazón, yo no estaba experimentando el camino de salida de Dios, y sin duda sentía mi tentación como algo más de lo que podía resistir.

Años después comprendí que el versículo siguiente (el cual no memoricé ni lo relacioné con la tentación) era crítico para entender la enseñanza de Pablo acerca de la tentación: «Por tanto, amados míos, huid de la idolatría» (v. 14). El apóstol estableció un vínculo crucial entre nuestra tentación y la idolatría. Si somos tentados con algo de lo cual creemos que no podremos liberarnos, podemos estar muy seguros que eso se ha convertido en un ídolo en nuestros corazones.

ALGO APRECIADO DEBE MORIR

Es probable que hayas oído antes este chiste. A primera vista solo parece un bonito juego de palabras, pero hay más que eso:

—Abuelito, ¿quieres hacer el sonido de una rana? —preguntó a su abuelo un niño en edad preescolar.

El abuelo graznó como una rana.

—Abuelito, ¿quieres hacer el sonido de una rana? —volvió a preguntar el chiquillo.

Una vez más el abuelo graznó como una rana.

El chico le pidió varias veces más al abuelo que hiciera lo mismo.

—¿Por qué quieres que cante como una rana? —preguntó finalmente el abuelo.

—Porque la abuela dijo que cuando hagas el sonido de una rana todos iremos a Disneylandia.

El pecado sexual compulsivo, la pornografía y la lujuria funcionan como nuestra pequeña Disneylandia (nuestro reino mágico), a donde podemos escapar por un momento de nuestras luchas, dolores o aburrimientos. Pero igual que el niñito que creía inocentemente que solo estaba jugando con su abuelo, nosotros también dejamos de ver el verdadero costo de nuestro viaje al «reino mágico de Magic Kingdom». El chico, preocupado por conseguir orejas de ratón, no es consciente de que para obtenerlas, su amado abuelo debe morir. Igual pasa con nosotros cuando nos volvemos esclavos del sexo ilícito: no entendemos que para conseguirlo debe morir algo preciado, que algo valioso será sacrificado. De modo adictivo vamos tras nuestro Disneylandia falsificado a expensas de algo más profundamente anhelado, a expensas de aquellos que amamos y que nos interesan. O finalmente a expensas de nuestras propias almas. Desenmascarar las falsificaciones y poner al descubierto las necesidades, las ansias y los deseos profundos de nuestro interior posiciona a nuestros corazones para que puedan extraer vida del único lugar en que se encuentra disponible: Cristo.

¿CÓMO DIABLOS VINE A PARAR AQUÍ?

¿Te has preguntado alguna vez cómo en tu lucha con las compulsiones sexuales fuiste a parar donde estás? Casi te puedo garantizar que no despertaste una mañana y decidiste conscientemente engancharte a la adicción. No, para la mayoría de los hombres se trata de un sutil deslizamiento a través del tiempo por una resbaladiza cuesta, una caída que por lo general empieza con una apelación a adorar lo falso. Observa el modo en que Pablo describió el viaje como una serie de transacciones en que algo real se cambia por algo falso:

> Habiendo conocido a Dios, no le glorificaron como a Dios, ni le dieron gracias, sino que se envanecieron en sus razonamientos, y su necio corazón fue entenebrecido. Profesando ser sabios, se hicieron necios, y cambiaron la gloria del Dios incorruptible en semejanza de imagen de hombre corruptible, de aves, de cuadrúpedos y de reptiles. Por lo cual también Dios los entregó a la inmundicia, en las concupiscencias de sus corazones, de modo que deshonraron entre sí sus propios cuerpos, ya que cambiaron la verdad de Dios por la mentira, honrando y dando culto a las criaturas antes que al Creador, el cual es bendito por los siglos. (Romanos 1.21–25)

Dada nuestra preocupación con las imágenes de la pornografía, parece como si Pablo estuviera escribiendo a hombres expertos en computación de pleno siglo veintiuno. Lo que vemos es el progreso de la compulsión. Comienza cuando nos alejamos de Dios como nuestra fuente de vida y cambiamos otras cosas en ídolos, convenciéndonos que estos satisfarán nuestros deseos. Adoramos y servimos «a las criaturas antes que al Creador»... esto es adoración falsa.

A lo largo del camino desesperadamente intentamos adormecer las dolorosas realidades en nuestras vidas: descontento, desilusión, sueños rotos, o temores que a menudo se remontan a décadas, y que rara vez se relacionan directamente con sexo. En lugar de enfrentar lo que en realidad se está batiendo debajo de la superficie, optamos por la negación y por distraernos en «relaciones» de fantasía que nos evitan asumir la responsabilidad como verdaderos hombres. Nuestras mentes se vuelven envanecidas, necias y entenebrecidas... eso es verdad falsificada.

Por último, renunciamos a la esperanza de satisfacer alguna vez los buenos deseos en nuestros corazones (la esperanza por un corazón genuino y por conexiones del alma, y también por una auténtica intimidad con Dios y con la gente). Nos dedicamos a gratificar «las concupiscencias de [nuestros] corazones» y a «deshonrar nuestros propios cuerpos»... lo cual es un bien falsificado.

Nunca es tarde para cambiar nuestras imitaciones asiáticas por el artículo verdadero. No importa cuánto hayas perdido, todavía hay tiempo para entregar las falsificaciones a cambio de los objetos verdaderos. De nuevo, Tim Keller ha explicado: «Los ídolos simplemente no se pueden quitar. Se los debe reemplazar. Si tratas de arrancarlos de raíz, vuelven a crecer. Pero se pueden suplantar. ¿Por qué otra cosa? Por Dios mismo, desde luego. Pero por Dios no nos referimos a una creencia general en su existencia. La mayoría de las personas tiene eso, no obstante sus almas están llenas de ídolos. Lo que necesitamos es un encuentro vivo con el Señor».[6]

Nunca es tarde para dejar el reino mágico de la lujuria y entrar a la realidad del reino de Dios. Y nunca es demasiado tarde para cambiar la intimidad falsa de imágenes y encuentros ilícitos por relaciones auténticas y regalos de Dios. Un encuentro vivo con el Señor es el destino. Pero primero debemos explorar los obstáculos que se interponen en el camino de tal encuentro.

6

Vergüenza y creencias básicas

Es un hombre triste quien vive solo para sí
y no puede soportar la compañía.

—BRUCE SPRINGSTEEN, «BETTER DAYS»[1]

Rob entró a la oficina de su supervisor para lo que creía que iba a ser una charla respecto a solucionar un conflicto de programación con un cliente importante. Cuando su supervisor le pidió que se sentara, el hombre se dio cuenta que la conversación sería más seria.

«Necesito que le eches una mirada a esto», expresó su jefe, aclarando la garganta mientras empujaba una pila de tres centímetros de papeles a través del escritorio. Rob fue agarrado totalmente por sorpresa. Miró la primera página y al instante el rostro se le acaloró y el corazón le palpitó como un tambor en el pecho. Dejándose caer en la silla, soltó un improperio y suspiró.

Mirándolo fijamente estaban más de seis meses de historial de Internet poniendo al descubierto el uso de pornografía en la computadora de la empresa. La prueba ante él era innegable. A continuación el jefe de Rob le alargó una copia del acuerdo de la compañía acerca del uso de Internet, en que se prohibía explícitamente ver material pornográfico durante el tiempo de trabajo y en equipos de la empresa. El acuerdo, con la firma de Rob, estipulaba la expulsión inmediata de cualquiera que violara la política. Entumecido, Rob salió de la oficina de su supervisor, vació su escritorio, y se unió a las filas de desempleados... todo a causa de la pornografía.

El aguijón de vergüenza de Rob se clavó profundamente. Primero sintió el oprobio de mirar pornografía: la afrenta de ser atrapado, la humillación de ser despedido del trabajo, y la mortificación al pensar en tener que contarle a su esposa que fue despedido... y por qué. Pero otra vergüenza era más profunda en Rob, una vergüenza que él no tenía idea que estuviera allí. Una vergüenza que se debía poner al descubierto si alguna vez él iría a escapar del interminable ciclo de jabonar, enjuagar y repetir que lo había mantenido cautivo por tanto tiempo.

LA DIFERENCIA ENTRE VERGÜENZA Y CULPA

Comprender la vergüenza es crucial en nuestro viaje desde la lujuria y la adicción hacia la libertad. Esto puede ser especialmente confuso y complejo en la iglesia, donde líderes y laicos usan a menudo condenación, juicio y vergüenza para motivar a la gente hacia la «conducta correcta».

Para empezar, es frecuente que se confunda la vergüenza con la culpa. Culpa es la convicción que sentimos cuando hemos violado alguna norma, cuando hemos *obrado mal*. Por ejemplo, si una persona miente, roba o comete adulterio típicamente tendrá una sensación de culpa por haber *obrado mal*. En el caso de Rob, sintió culpa por lo que hizo y por las dolorosas consecuencias que resultaron. La Biblia promete que nuestro pecado nos puede llevar a Dios por medio de la cruz de Cristo, donde podemos experimentar limpieza, perdón y restauración (1 Juan 1.3–9).

Pero aunque la culpa dice: «He *obrado* mal», la vergüenza afirma: «*Soy* un fiasco». La vergüenza es una sensación (que rápidamente se convierte en una creencia) de que somos anormales, imperfectos, malos o indignos. El lente de la vergüenza se enfoca siempre no en lo que la persona ha *hecho* sino en lo que *es*. Se centra en el *ego* de alguien. El peso y el tormento de la vergüenza son insoportables. Y el veredicto siempre es el mismo: que en nuestra esencia somos inferiores, inadecuados o inaceptables.

En este momento te podrías estar cuestionando: *¿Pero no enseña la Biblia que somos indignos e inaceptables?* O quizás, al igual que muchos hombres, estés preguntando: «Como cristiano, ¿no me es adecuado sentir vergüenza? Estas preguntas son cruciales porque cómo las contestemos determina cómo experimentamos a Dios. También determinan si experimentamos las buenas nuevas como buenas nuevas, o como cierta clase de buenas nuevas.

EN EL PRINCIPIO ADÁN Y EVA ESTABAN DESNUDOS Y NO SE AVERGONZABAN

Para mayor claridad, regresemos al huerto del Edén donde la vergüenza apareció por primera vez. Antes de la entrada del pecado, la Biblia nos dice que «estaban ambos desnudos, Adán y su mujer, y no se avergonzaban» (Génesis 2.25). Esta referencia a la desnudez *sugiere* algo mucho más que no usar ropa. Desnudos y sin vergüenza describe la relación de Adán y Eva con Dios y entre ellos mismos. Estar desnudos y sin vergüenza *delante* de Dios significaba que ambos eran libres y capaces de ofrecer al Señor exactamente lo que ellos eran, sin reservas y sin ocultar sus verdaderas identidades. Se les conocía por completo, tal como fueron creados, y estaban totalmente de acuerdo con eso. Esto les llevó a una intimidad sin inhibiciones tanto con Dios como del uno con el otro.

Estar desnudos y sin vergüenza *delante del otro* era una proclama sagrada de sus exclusivas identidades del alma como hombre y mujer. Esto afirmaba que las diferencias entre los dos eran buenas. Hasta este momento ni Adán ni Eva habían experimentado alguna timidez con relación a sus diferentes personalidades de hombre y mujer. Solo podemos especular, pero no creo que Adán se preguntara alguna vez si él era un buen amante, o si sus entradas en el cabello estaban cada vez más pronunciadas. Asimismo, dudo que Eva se preguntara alguna vez si sus ideas eran tan valiosas como las de Adán, si ella estaba demasiado gorda, o si sus senos tenían el tamaño correcto.

Otro factor de estar desnudos y sin vergüenza fue la libertad que nuestros primeros padres tenían para ofrecerse uno al otro como una clase de bendición. Dios dijo que no era bueno que Adán estuviera solo (Génesis 2.18). Así que Eva fue el regalo del Señor para

Adán, así como Adán fue el regalo de Dios para Eva. En humilde confianza se habían ofrecido uno al otro, sabiendo que quienes eran y lo que se ofrecían era más que suficientemente bueno... era algo *muy* bueno.

LOS EFECTOS DEL PECADO: OCULTAMIENTO Y VERGÜENZA

Sin embargo, los efectos del pecado y la vergüenza cambiaron todo. Cuando Adán y Eva se extendieron más allá de la provisión divina, las consecuencias fueron tanto cambiantes como dramáticas. El mayor de esos cambios se relacionó con su ocultamiento, primero entre los dos y luego entre ellos y Dios. Incluso en el huerto, las primeras palabras de vergüenza para Adán y Eva fueron *Será mejor que te escondas*: «Entonces fueron abiertos los ojos de ambos, y conocieron que estaban desnudos; entonces cosieron hojas de higuera, y se hicieron delantales» (Génesis 3.7).

Aquí vemos una reversión de las bendiciones de relación entre Adán y Eva. Al haber comido del fruto del árbol de la ciencia del bien y del mal, sus ojos ahora estaban abiertos. El recién adquirido conocimiento del bien y del mal los hizo muy conscientes de la pérdida de su inocencia (Génesis 2.17). Ambos pasaron de estar desnudos y sin vergüenza a esconderse y cubrir su verdadera identidad.

Por primera vez cada uno se alejó de la mirada del otro. Después de todo, si pudieron poner sus propios deseos antes que los de Dios, debieron haber comprendido que también podían poner su propio bienestar antes que el del otro. ¿Cómo podía Adán volver a confiar en Eva después de que ella destruyera la confianza del Señor? ¿Y cómo podía confiar Eva en Adán después de que él hiciera lo mismo?

La vulnerabilidad, que una vez fuera una bendición, se convirtió en un riesgo. La unidad, que una vez fue el reflejo de la naturaleza de Dios, ahora los dividía. El hecho de conocerse, que antes fuera un regalo, los predispuso ahora a un posible desamor. Así que agarraron hojas de higuera, no solo para cubrir la desnudez física sino también para cubrir su desnudez de alma. El ocultamiento se convirtió para Adán y Eva en una estrategia de autoprotección en la elección de relaciones.

Pero ocultarse contaminó también la intimidad de ellos con el Señor: «Oyeron la voz de Jehová Dios que se paseaba en el huerto, al aire del día; y el hombre y su mujer se escondieron de la presencia de Jehová Dios entre los árboles del huerto. Mas Jehová Dios llamó al hombre, y le dijo: ¿Dónde estás tú? Y él respondió: Oí tu voz en el huerto, y tuve miedo, porque estaba desnudo; y me escondí» (Génesis 3.8–10).

Observa que Dios llegó paseando por el huerto a la brisa fresca de la tarde como si estuviera haciendo lo que siempre había hecho: tratar de platicar con sus muchachos. Sin mirar cuidadosamente la historia, podríamos suponer que el Señor entró al huerto listo para patear algunos traseros y repartir castigo. Pero en realidad llegó buscándolos, no principalmente para castigarlos o avergonzarlos sino para conectarse con ellos. Él no deseaba tratar de determinar dónde se hallaban. Dios no necesitaba un GPS para fijarles las coordenadas. El Señor preguntó: «¿Dónde estás tú?» para determinar la realidad de sus corazones. ¿Se humillarían Adán y Eva? ¿Confiarían en el carácter del Señor? ¿Creerían que él era el mismo Dios ese día como lo había sido todos los días anteriores? ¿O creerían la mentira de la serpiente, que insinuó que en realidad no se podía confiar en el Señor?

Al ocultarse, Adán y Eva contestaron esas preguntas. De pronto se encontraban temerosos de Dios. Su vergüenza se convirtió en una barrera para la oferta del Señor de misericordia, amor y cuidado. Entre las hojas de higuera y correr a esconderse en los árboles, se impidieron recibir lo que solamente Dios puede ofrecer. Andrew Comiskey escribió: «La vergüenza es la gabardina sobre el alma que rechaza el agua viva de Jesús, que de otro modo nos establecería como los amados de Dios».[2] La vergüenza los alejó del Señor en lugar de acercarlos *a* él.

Así como nuestros antepasados en el huerto del Edén encubrieron su vergüenza debajo de hojas de higuera, nosotros inventamos nuestras modernas hojas de higuera para ocultar nuestra vergüenza fundamental. Algunos hombres la esconden detrás de relojes de cuatro mil dólares y de autos deportivos de medio millón. Otros la ocultan detrás de su conocimiento teológico, sus ministerios o sus posiciones de autoridad espiritual. Incluso existen otros que la ocultan detrás de máscaras de superficialidad, inexpresividad o embotamiento intelectual. Yo también estoy bastante acostumbrado a las hojas de higuera. Durante la mayor parte de mi vida, el sentido del humor y ser un sabelotodo ha sido mi hojarasca favorita. Cualesquiera que sean las hojas de higuera que elijamos, ocultar nuestras verdaderas identidades va contra el diseño de Dios para nosotros. Eso no es natural, y no conduce a la vida.

El Señor no nos avergüenza

A pesar de todo, Dios nos busca, incluso frente a nuestra desobediencia y confianza destrozada. Y él no se detiene ahí. Cuando Adán y Eva se cubrieron con hojas de higuera, el Señor les hizo túnicas de piel de animal (Génesis 3.21). Una criatura viva derramó su sangre y dio su vida, anunciando la cruz donde Jesús derramaría su sangre para cubrir nuestra vergüenza y lavar nuestra culpa, haciendo que nos sintiéramos cómodos en la presencia de Dios. Es como si él dijera: «Si crees que las hojas de higuera te quitarán la vergüenza, mejor piénsalo dos veces. Solo yo puedo quitarte esa emoción negativa».

Y eso es exactamente lo que él hace. La verdad liberadora del evangelio es que mediante la sangre de Jesús somos perdonados y limpios. Todavía más, le pertenecemos a un Dios que no nos avergüenza. Él no avergonzó a Adán y Eva. Les pudo haber pedido cuentas de sus acciones (Génesis 3.11, 13), pero no los avergonzó, y no nos avergüenza a ti ni a mí.

Solo échale una mirada a Jesús, quien es la imagen visible del Dios invisible (Colosenses 1.15). Él no avergüenza a personas sexualmente destrozadas. Cuando se encontró con una mujer samaritana poseedora de un historial de relaciones fallidas, el Maestro le ofreció agua viva para beber. Con toda ternura le explicó que él sabía que ella se había casado cinco veces y que al momento estaba viviendo con su amante; sin embargo, Jesús decidió divulgar su verdadera identidad a la mujer, en lugar de sofocar con vergüenza a esta pobre desventurada (Juan 4). Jesús se topó con prostitutas (mujeres despreciadas como parias) y las amó con gran pureza (Lucas 7.36–50). El quebrantamiento sexual de otros no avergonzó a nuestro Señor ni lo intimidó. Por el contrario, él extendió misericordia, perdón y esperanza a la mayoría de personas quebrantadas en la sociedad judía, en relación a los desastres sexuales de ellas.

Esto nos indica que la voz de la vergüenza nunca debería confundirse con la voz de Dios. La voz de la vergüenza viene de nuestro quebrantamiento, no de nuestro amoroso Padre celestial. Dios nunca se aleja de nuestra miseria. Pero con relación a nuestra vergüenza, tenemos buenas noticias: «Ninguna condenación hay para los que están en Cristo Jesús» (Romanos 8.1).

OCULTAR EL QUEBRANTAMIENTO PROLONGA LA VERGÜENZA

Ocultarse también afecta nuestras relaciones en otro sentido: nos impide recibir el amor del Padre. Si la vergüenza y el ocultamiento son la gabardina sobre el alma, entonces esforzarnos por ser suficientemente buenos es el impresionante traje que nos convence de que somos amados. Cuando escuchamos la voz de la vergüenza comenzamos a creer la mentira de que nuestra maldad, debilidad y heridas nos descalifican del amor de Dios.

Pero lo opuesto es la verdad. Jesús proclamó que Dios desea de manera apasionada vendar a los quebrantados de corazón y liberar a los cautivos (Lucas 4.18-19). No obstante, ¿cómo puede él transformar nuestro quebrantamiento en plenitud cuando insistimos en ocultarla? Al hacerlo limitamos la capacidad del Señor de revelar y sanar esas partes de nosotros que con desesperación necesitan el toque del Gran Médico, el Maravilloso Consejero, y el Consolador. Cuando intentamos desesperadamente mantener nuestra apariencia, acabamos demorando nuestro rescate.

Desde ese fatídico día en el huerto del Edén, todos nosotros hemos seguido el ejemplo de Adán y Eva de intentar ganarnos el amor. Creemos que para ser amados debemos portarnos bien. Todos desarrollamos una estrategia o manera de relacionarnos con nuestros mundos interiores, la cual nos convence que sintamos que estamos bien, que somos amados, que somos deseados. A fin de satisfacer nuestra sed de amor corremos hacia cisternas rotas que no pueden contener agua.

Sin embargo, este enfoque en el comportamiento se nos presenta con tres problemas. Primero, comportarnos representa una cinta sin fin que nunca deja de correr. ¿Cómo podemos saber cuándo es que al fin somos suficientemente buenos? ¿Cómo podemos saberlo si estamos comportándonos bastante bien? El individuo que obtiene su identidad y que busca el amor a través de su actuación, del logro o de intentar ser suficientemente bueno se dispone a vivir con una enorme presión. Tal enfoque es fastidioso; agota el alma y le impide recibir todas las cosas buenas que Dios ofrece.

Segundo, el enfoque en el comportamiento está enraizado en el orgullo, que es otra palabra para autosuficiencia. Los pocos que de algún modo cumplen sus propios estándares de actuación no ven la necesidad del evangelio. El joven rico en Marcos 10.17 era esa clase de hombre. Había seguido los mandamientos de Dios. Se portaba bien y parecía bueno. Su traje de comportamiento estaba sobre su gabardina de vergüenza. Pero a pesar de esto, la pregunta que le hiciera a Jesús reveló que a este individuo aún le faltaba algo. «Maestro bueno, ¿qué haré para heredar la vida eterna?».

La pregunta del hombre no se relacionaba únicamente con ir al cielo cuando muriera. El joven estaba preguntando acerca de entrar al reino de Dios y unirse a Jesús en la edificación del reino. Pero Cristo conocía el corazón del joven. Cuando este individuo ofreció la prueba de su justicia (cumplir los Diez Mandamientos), Jesús le reveló algo que la autosuficiencia del joven no podía producir. Le pidió que fuera y vendiera todo lo que tenía y se lo diera a los pobres. La historia nos dice que el hombre era muy rico, por lo que agachó la cabeza y se alejó. Aunque parecía bueno por fuera, algo en su interior no le permitía despojarse de su riqueza. Quizás el hombre de la historia dejó que su tesoro terrenal lo definiera y lo engañara haciéndole creer que valía por sus riquezas.

Finalmente, el enfoque en el comportamiento nos lleva a desarrollar una falsa identidad. Cada uno de nosotros crea una imagen con la esperanza de convencer a otros que así es como realmente somos. Esa imagen es nuestra careta. Es nuestro mejor esfuerzo. Representa a quienes queremos ser ante los ojos de los demás.

En su novela *El falaropo*, Alan Paton describió a un hombre con un tétrico secreto sexual, cuya falsa identidad lo llevó a la desgracia pública y a la prisión: «Él siempre era dos hombres al mismo tiempo. Uno era el soldado de la guerra, con todas las cintas inglesas que su padre odiaba; el teniente de policía, solo superado por el capitán; el gran jugador de rugby, héroe de miles de niños y hombres. El otro era el hombre sombrío y silencioso, ocultando de todos los demás el siniestro conocimiento acerca de sí mismo, con esa dureza y frialdad que hacían que los demás le temieran, hasta el punto de no querer hablar con él».[3]

Pero por supuesto que todo el ocultamiento, la actuación y la hipocresía nos impiden recibir lo que nuestros corazones anhelan. No se puede amar a una falsa identidad. Una identidad falsificada no existe; solo es una ilusión. Tú y yo solo podemos ser amados por nuestras verdaderas identidades, por indignos que nos creamos.

¿CUÁLES SON TUS CREENCIAS BÁSICAS?

Cuando mi hijo tenía cuatro años de edad pasó por una fase Batman, lo cual significaba que a menudo usaba su camiseta del hombre murciélago. Un día cuando entrábamos a Home Depot, uno de los entusiastas vendedores lo saludó con estas palabras: «¡Hola, Batman!». De forma meditabunda, CJ se volvió hacia mí y exclamó: «¡Papi, él conoce mi verdadera identidad!». Para recuperar tu corazón de las cadenas de la lujuria y la pornografía, nada es más importante que descubrir tu verdadera identidad.

Pero tal vez no conozcas esa verdadera identidad. Lo más probable es que te definas por tu vergüenza y tú lo sepas, o que te definas por medio de una buena actuación sin ser consciente de la vergüenza que acecha por debajo de la superficie. Ambos casos no son más que una falsa identidad. Desde luego, podrías vivir a partir de una verdad profunda dentro de ti que se alinee con la verdad de Dios acerca de quién eres. Sin embargo, he conocido muy pocas personas que experimentan esa clase de claridad desde lo profundo de sus almas. Lo que un individuo cree intelectual, teológica y doctrinalmente muy rara vez se asemeja a lo que en lo profundo de su alma cree acerca de sí mismo y de Dios.

En décadas de trabajo clínico con miles de hombres sexualmente compulsivos, Patrick Carnes identificó un patrón de cuatro creencias básicas que están profundamente arraigadas en la estructura de la creencia interna de adictos al sexo antes de que se entreguen a la adicción.[4] Sin importar que un individuo que lidie con la pornografía sea adicto al sexo en el verdadero sentido, o que sea algo menos que eso, las siguientes creencias están en acción.

* *Básicamente soy una persona mala/indigna*
  Los hombres con patrones de conducta sexual compulsiva típicamente creen que de alguna manera son malos o indignos. Se ven a través de los lentes de la falta de valía. La «gente cristiana buena» tiende a expresar esta creencia basada en la vergüenza mayormente en términos de no estar bien, de no ser bastante buena, de no dar la talla, o de ser de algún modo diferente. La semántica es menos importante que la comprensión de que sus creencias básicas se basan en la vergüenza.

* *Nadie me amaría como soy*
  Los hombres con compulsiones sexuales creen profundamente que nadie los amaría por quiénes ellos son. Desde la tierna infancia, muchos de estos individuos experimentaron heridas de maltrato o rechazo. Como resultado, el amor nunca se arraigó en sus almas. Algunos pudieron haber tenido experiencias positivas de ser amados, pero en sus relaciones más íntimas encontraron rechazo, abandono, juicio o vergüenza, lo cual los convenció de que en realidad no son dignos de amor. Al igual que con la creencia de la tesis anterior, algunos hombres no se identifican con las palabras exactas: «Nadie me amaría tal como soy»; en vez de eso creen: «Si me conocieran de veras no me querrían».

* *No puedo satisfacer mis necesidades dependiendo de otros*
  Los hombres con compulsiones sexuales tienden a creer que si sus necesidades han de satisfacerse, es a ellos a quienes les toca cubrirlas. Cuando hablo de necesidades no me estoy refiriendo a las básicas de alimento,

ropa y abrigo. Me refiero aquí a anhelos del alma tales como deseo de afecto, intimidad o aceptación.

- *El sexo es mi necesidad más importante*
   Los hombres con compulsiones sexuales suponen que el sexo es su necesidad más importante. Para ellos el sexo es la única manera que conocen de experimentar intimidad. La lujuria y la pornografía representan la promesa de satisfacer alguna otra necesidad profunda por la cual sus almas están sedientas.
   Por tanto, cuando hablo con hombres respecto a la cuarta creencia básica les pido a menudo que llenen el espacio en blanco en esta frase: «_____ es mi necesidad más importante». Algunos contestan que su necesidad más importante es afirmación femenina. Otros responden que necesitan el afecto de una mujer. Hay quienes expresan que necesitan la aceptación de una mujer... todo lo cual proporcionan la lujuria y el comportamiento sexual. Así que en realidad la necesidad más importante de estos hombres no es el sexo sino que están buscando afirmación, aceptación y aprobación, todo de parte de una mujer.

¿Cómo entonces comenzamos a identificar nuestras verdaderas creencias acerca de nosotros mismos? Primero, a temprana edad se forman creencias básicas erróneas, y estas siempre se forman en medio de nuestro quebrantamiento. Si quieres identificar cuáles son tus creencias erróneas, sencillamente observa tu quebrantamiento. ¿Cuáles son tus heridas y debilidades? Estas se convertirán en el lugar en que las mentiras de Satanás se transformarán en tus creencias. También este se volverá el lugar donde tomes las cosas en tus propias manos, a fin de vencer la debilidad o hallar alivio del dolor de la herida. En pocas palabras, ocultamos, compensamos o buscamos alivio a partir de nuestras heridas y debilidades. Nuestro quebrantamiento también es el terreno donde nos volvemos vulnerables a las mentiras del enemigo.

CÓMO VENCER TU VERGÜENZA

Empieza por echar hacia atrás la cortina

En la película clásica *El mago de Oz*, Dorothy, el espantapájaros, el hombre de hojalata, y el cobarde león finalmente llegan a Ciudad Esmeralda con la esperanza de que el mago pueda ayudar a Dorothy a volver a su casa en Kansas. Cuando llegan a la presencia del mago descubren que este es muy diferente de lo que habían esperado. Dorothy y sus amigos son confrontados por una enorme cabeza verde flotante que brama con una voz terrible, en medio de nubes de humo y ardientes llamas. Sin miedo, el perrito de Dorothy, Toto, corre hacia el costado del salón y echa hacia atrás una cortina. Para asombro de todos, el gran Mago de Oz no es nada más que un ensimismado hombrecito que maniobra palancas y amplifica su voz. El Gran Mago no es más que humo y espejos.

A veces nosotros también somos así. Nuestra vergüenza solo puede sanar cuando echamos la cortina hacia atrás y nos dejamos ver por quienes somos realmente.

Vence las mentiras del enemigo con la voz del Amor

Después vencemos nuestra vergüenza al identificar las creencias y convicciones básicas que contradicen la verdad de Dios acerca de quiénes somos. No obstante, identificar la vergüenza solo es el punto de inicio. La intuición por sí sola no puede cambiar el corazón humano. El verdadero cambio requiere algo más. En la batalla contra la vergüenza debemos contraatacar las voces de esta con la voz del Amor: la voz de Dios, revelada en la persona de Jesús. Más tarde explicaré esto.

Sin embargo, a medida que comenzamos a identificar y aceptar esta voz también encontramos ruidos correspondientes a las voces de nuestro pasado. Una de las formas de engaño más astutas del enemigo es engatusarnos para que nos golpeemos, haciéndonos pagar por las malas acciones y rechazando nuestras verdaderas identidades... en realidad, odiándonos. Henri Nouwen sabía por experiencia personal que la auto aversión es un obstáculo para liberarnos de la vergüenza: «El auto rechazo es el mayor enemigo de la vida espiritual porque contradice la voz sagrada que nos llama los "amados". Ser los amados expresa la verdad básica de nuestra existencia».[5]

Practica verdadera humildad

La siguiente etapa del viaje de superar la vergüenza es aprender a practicar la verdadera humildad. Observa que dije *verdadera* humildad, porque a menudo se malinterpreta a la humildad como una forma sutil de vergüenza y rechazo propio, sintiéndote tan mal que no repetirás cualquier ofensa que hayas cometido. Pero las personas verdaderamente humildes no sienten desprecio por sí mismas. Thomas Merton escribió que la humildad consiste en ser «precisamente quien eres delante de Dios».[6] En el centro de la humildad está la confianza: confiar en Dios y en otros con quienes estás. Esto explica por qué la humildad, entendida adecuadamente, es el antídoto para la vergüenza. Cuando Adán y Eva se escondieron, el Señor los buscó y los llamó: «¿Dónde estás?». La esperanzadora y hermosa verdad es que Dios también te está llamando.

LA VOZ DEL AMOR HABLA MÁS FUERTE QUE LA VOZ DE LA VERGÜENZA

Varios años después de mi sanidad de la adicción sexual comencé otra etapa en mi viaje hacia la realización que fue totalmente inesperada. Empecé a experimentar al azar recuerdos periódicos que me dejaban traumatizado. Un psicólogo finalmente me diagnosticó trastorno de estrés postraumático resultante de mi abuso sexual infantil. Muchos veteranos de combate experimentan este desorden después de regresar de la batalla. En casos graves podrían estar caminando por la calle, oír un helicóptero en lo alto, y de pronto, sin reflexionar, empezar a correr para protegerse debajo de una mesa de picnic o dentro de un depósito de basura. Aunque viven en el presente, sus emociones y reacciones fisiológicas los convencen de que en realidad están reviviendo el momento del trauma.

Temprano en este viaje descubrí que cuando ocurrían las recurrencias, mi vestidor era uno de los únicos lugares en que me sentía física y emocionalmente a salvo. En cierta ocasión uno de los recuerdos bastante graves me hizo retroceder la mente hacia el dolor y la violación que me habían infligido más de cuarenta años atrás. Cuando el cortisol, la adrenalina y otros químicos del cerebro corrieron por mi torrente sanguíneo, el corazón se me comenzó a acelerar, el pecho se me tensó, y las sensaciones de abuso se apoderaron de mí una vez más. De repente me convertí en ese pequeño niño, y desapareció todo pensamiento racional y de adulto. Me arrastré hasta el clóset y empecé a llorar de modo incontrolable, acurrucado en posición fetal y envuelto en una colcha.

Más o menos después de veinte minutos la recurrencia cesó. Agotado, continué tendido allí en la oscuridad de mi clóset. Entonces oí el timbre de la puerta en la planta baja, seguido de las exaltadas voces de mi esposa y mis hijos. Mi amigo Eric, un veterano de veinte años en la policía y negociador de rehenes del equipo SWAT, estaba en la puerta. Debido a nuestra amistad yo estaba consciente de que los policías son rudos y de que casi nunca muestran ninguna debilidad. Oculto en mi clóset me sentí aliviado sabiendo que no tendría que lidiar con él.

En ese instante, profundamente en mi corazón, oí una voz. Era la voz del Amor, la voz de mi Padre celestial. Me hablaba mientras yo estaba escondido en la colcha, a solas en el clóset oscuro, con los ojos hinchados.

—*Quiero que invites a Eric a entrar a este clóset contigo* —dijo la voz—. *Deseo mostrarte mi amor a través de él.*

—Pero estoy casi desnudo, me corren mocos por el rostro, y no puedo dejar de llorar —contesté.

—*Quiero que recibas mi amor por medio de él* —replicó la voz.

Yo sabía que esta era la voz de Dios. Pero en medio de mi orgullo y temor resolví que de ninguna manera permitiría que Eric entrara a ese clóset y me viera en mi vergonzosa condición. En ese momento Julianne tocó a la puerta para ver cómo me hallaba. Nunca olvidaré lo que sucedió a continuación. Cuando ella abrió la puerta supe que mi mayor deseo, ser amado y aceptado por quien realmente yo era, era más profundo y más cierto que mi temor a ser rechazado.

—Querida, llama a Eric, por favor —dije entonces a mi esposa—. Quiero que él me vea.

Momentos después mi amigo estaba en la puerta del clóset. Cuando se arrodilló lentamente e hizo reposar su mano sobre mí para consolarme, me di cuenta que nunca me había sentido tan vulnerable, expuesto y desnudo. Sin embargo, me sorprendí, porque también me sentía profundamente amado y conocido tal como yo era. En ese instante supe que no tenía nada que ocultar, nada que perder, y nada que probar. Aquella fue una experiencia totalmente nueva de libertad. Al humillarme e invitar a Eric a entrar a mi vergüenza, abrí mi corazón para recibir el amor de Cristo por medio de la presencia de mi amigo. En esa serie de momentos eternos él se convirtió en las manos y los pies de Jesús. La voz del Amor comenzó a contrarrestar mis voces de vergüenza de toda una vida.

Todos tenemos lugares ocultos donde guardamos nuestra vergüenza. ¿Dónde escondes la tuya? ¿Qué recuerdos o detonantes te envían corriendo a ocultarte? Si la voz de la vergüenza se pudiera acallar, ¿qué crees que te podría decir la voz del Amor? ¿Qué anhelas oír? ¿Quién podría ser un Eric para ti... alguien a quien podrías invitar a entrar a tu vergüenza y que no se asustaría de tu desnudez? ¿Alguien en quien *tú* confíes?

La senda de opresión del alma

La pregunta para nuestras vidas no es si nos rendiremos, sino ante quién o ante qué lo haremos.

—GORDON DALBEY, *FIGHT LIKE A MAN*¹

«Si no doy un salto de inmediato tal vez no hable de lo que deseo —afirmó Aidan—. Sé que estoy aquí en busca de dirección espiritual antes de mi período sabático, pero creo que debo comenzar con un tiempo de confesión».

Después de soportar dos años de desmoralizadores conflictos en la iglesia, que al final resultaron en una división, el equipo de liderazgo de Aidan le proporcionó seis meses sabáticos muy necesarios. Al comienzo de su tiempo fuera, vino a Colorado para participar en dos semanas intensivas con Restoring the Soul, el ministerio donde sirvo.

Empiezo cada intensivo, independientemente de la gravedad del problema, dando a cada participante o matrimonio un DVD titulado *La hija de alguien: un viaje hacia la libertad de la pornografía*. El disco es un documental intenso que incluye entrevistas con un pastor, un comerciante, una pareja, y yo mismo hablando de los destructivos efectos de lo pornográfico en nuestras vidas. Esa noche Aidan observó el DVD en el cuarto de su hotel. Se sentía tan profundamente culpable que no había dormido casi en toda la noche.

La confesión no planificada de Aidan ese día puso al descubierto una lucha irregular con la pornografía desde los dieciséis años. Cuando se acaloró el conflicto en su iglesia, la lucha volvió con tal intensidad que lo aterró. En los nueve días siguientes pasó conmigo tres horas cada mañana, compartiendo su historia y abriendo el corazón. Exploramos sus esperanzas y sueños, así como sus miserias y su dolor.

Al final de las dos difíciles pero fructíferas semanas, Aidan comentó: «Al salir hoy de aquí no siento como si este fuera el final sino un nuevo comienzo». Echar hacia atrás la cortina de sigilo y autoconfianza le permitió hacer una obra importante. Pero él tenía razón, este solo era el inicio. Su historia ilustra claramente lo que llamo el «ciclo de opresión del alma».

CÓMO IDENTIFICAR TU CICLO DE OPRESIÓN DEL ALMA

Al principio de la historia del Antiguo Testamento, los hijos de Dios comenzaron un patrón angustioso pero previsible. El Señor los invitó a que le dieran sus corazones, los que finalmente entregaron a otros dioses, Dios los invitó a volverse, se arrepintieron y se humillaron, luego entregaron otra vez sus corazones a otros dioses, y así sucesivamente. Esto se parece mucho a «jabonar, enjuagar, repetir», ¿verdad que sí?

Con mi propia historia de adicción sexual, y también con la de todo hombre con quien he trabajado, se representa un ciclo similar. Poder identificar nuestro ciclo de opresión nos puede ayudar al menos en tres maneras. Primero, nos proporciona una sensación de que nuestros patrones de sentimientos, comportamiento y pensamiento no son fortuitos y completamente imprevisibles. Conocer el patrón y los asuntos que contribuyen a la obsesión es motivador.

Segundo, comprender el ciclo según este se aplica a nuestras historias individuales nos permite identificar lo que está ocurriendo bajo la superficie de nuestras almas. Vincular el patrón de uso de pornografía a nuestro quebrantamiento y nuestras emociones nos permite ver lo que impulsa nuestra conducta. Cuando entendemos lo que impulsa nuestra conducta, se ponen al descubierto nuestras áreas de quebrantamiento y puede comenzar una profunda sanidad.

Tercero, una vez identificado el patrón, y nuestras razones para simular, podemos comprender por qué el ciclo de opresión del alma es una secuencia viciosa interminable, como se ilustra a continuación.

El ciclo de opresión del alma empieza con nuestro *quebrantamiento del alma*: maldad, heridas, debilidad y contienda. Estos son los troncos y las ramas vulnerables a encenderse. La siguiente etapa del ciclo involucra nuestros detonantes: personas, lugares, acontecimientos y experiencias que incendian las astillas de nuestra miseria y ponen en acción el ciclo. Esto nos lleva luego a la etapa de *ansiedad del alma*, cuando nuestro enfoque, atención y pasión se absorben y se dirigen hacia la búsqueda de gratificación sexual. Después de eso entramos al *avasallamiento del alma* al cruzar la línea desde el deseo hasta la acción, la expectativa y la complacencia. El ciclo de opresión del alma nos lleva luego a la etapa de *lástima del alma*. No solo tenemos una gran sensación de remordimiento, culpa o vergüenza, sino que nuestras acciones también confirman nuestra fe en nuestra inutilidad e insuficiencia personal. Finalmente, en la etapa de penitencia decidimos cambiar nuestro comportamiento en una forma que en realidad se perpetúa el ciclo de adicción.

Cada vez que el ciclo concluye y se repite descendemos más hondo en una espiral que refuerza el ciclo anterior. En mi caso, me volví a lo pornográfico y al sexo para aliviar el sufrimiento de mi quebrantamiento. Pero cada vez que cedía, mi vergüenza echaba combustible al fuego, lo cual aumentaba mi quebrantamiento, lo que a la vez aumentaba mi necesidad de hallar alivio. Jabonar, enjuagar, repetir.

CÓMO NUESTRO QUEBRANTAMIENTO ALIMENTA EL FUEGO

Sabemos que somos hombres quebrantados. Pero, ¿cómo nuestro quebrantamiento se manifiesta en el ciclo de opresión del alma? La etapa de quebrantamiento del alma se relaciona en un principio con nuestro dolor, empatía y descontento. Estos sentimientos sientan las bases para el drama cíclico a punto de desarrollarse. Cuando los sentimientos surgen de nuestro quebrantamiento, nuestro reflejo es evitarlos o controlarlos. Carl Jung se refirió a esta idea al escribir que toda neurosis es causada a fin de evitar el dolor necesario.[2] Al tratar de evitar o controlar nuestro quebrantamiento, el susurro de la pornografía se convierte en un grito, y las falsas promesas que esta ofrece comienzan a parecer una solución razonable. Manejamos muy mal el dolor de vivir en un mundo caído.

En un momento dado nuestro quebrantamiento no está muy lejos. Podríamos parecer equilibrados o relativamente realizados, pero debajo de la superficie las cosas por lo general no son como parecen. Todos arrastramos dolor y asuntos pendientes de nuestros pasados.

Al explorar su historia, Aidan descubrió que la combinación entre el control y el perfeccionismo de su padre le habían herido profundamente el alma. En el intento de cumplir con las expectativas de su padre, obtuvo un doctorado en teología e ingresó al ministerio pastoral. Pero su suavizado exterior no podía cambiar sus creencias básicas de que no era suficientemente bueno y que nunca lo sería. El éxito ministerial de Aidan se convirtió en su anestésico apropiado para adormecer el dolor de no estar a la altura de las expectativas de su padre. Esto le daba una falsa sensación de afirmación y aprobación. Así que cuando la situación se puso mal en la iglesia, su ser interior se sintió desinflado y sin identidad. Fue entonces cuando regresó a la pornografía.

Junto con el sufrimiento de nuestros pasados, todos sentimos dolor y descontento en el presente. Muchos nos asemejamos a la proverbial rana en la olla. Pon a la rana en agua hirviendo, y esta da un salto. Ponla en una olla de agua fría, caliéntala lentamente, y nunca se dará cuenta del peligro. Nosotros también podemos ser ajenos al peligro de vivir con una acumulación cada vez mayor de estrés o conflicto... hasta que la temperatura de la vida nos pone en peligro.

Durante la mayor parte de su vida, Aidan sospechó que los asuntos sin resolver con su padre evitaban que su corazón fuera libre. Pero no estaba preparado para el dolor cotidiano, la represión y la confusión que experimentó durante el conflicto de dos años en la iglesia. A Aidan le diagnosticaron cáncer de piel, a su esposa le diagnosticaron cáncer de mama que requería una doble mastectomía, y él debió ocuparse en litigios continuos con el constructor de su casa debido a alguna falla de ingeniería. Por fuera parecía estar capeando el temporal, agradecido por algunos pocos amigos íntimos que oraban por fortaleza y perseverancia para él. Por dentro el hombre cuestionaba a Dios, fantaseaba con salir del ministerio, y cada vez se resentía más por las necesidades de otras personas. Su alma estaba sedienta de Dios pero estaba absorbida por la pornografía.

¿QUÉ DETONA TU LUJURIA?

Los detonantes son sentimientos, personas, lugares, circunstancias o sucesos que asocias con tu lujuria y tu uso de pornografía. Igual que un médico que con suavidad te golpea la rodilla con un mazo de goma y hace que tu pierna se extienda reflexivamente hacia fuera, los detonantes son señales que provocan reflexivamente ansias y deseos por la porno. Los *detonantes externos* pueden ser obvios, como obtener por correo electrónico una invitación a la pornografía o ver un comercial de cerveza donde una mujer atractiva se inclina sobre una mesa de billar. Los detonantes externos podrían también ser menos evidentes, como estar a solas en casa, tener acceso computarizado sin restricciones, o interactuar con alguien que encuentras sexualmente atractivo.

Los *detonantes internos* incluyen sentimientos y pensamientos. Las emociones como desilusión, soledad, rechazo, ansiedad, enojo y aburrimiento son detonantes comunes. Los sentimientos físicos que incluyen fatiga, dolores de cabeza, hambre o dolor crónico también pueden servir como detonantes internos. Los pensamientos pueden ser detonantes internos más sutiles. Algunos ejemplos incluyen: *he estado trabajando muy duro y me merezco una gratificación... Mi novia es tan desatenta conmigo... Mi jefe nunca me da muestras de aprecio... Si yo fuera un verdadero hombre sabría cómo escalar rocas* (o *cómo arreglar mis propios frenos*).

Los detonantes son exclusivos para cada individuo; sin embargo, cada hombre que ha sido activado experimentará dos reacciones separadas. Primera, su detonante ocasionará en su cuerpo una reacción fisiológica muy real y poderosa. El momento en que un hombre es activado, su cerebro libera dopamina, una poderosa sustancia química conocida como la molécula «tengo que tenerlo». Mientras más a menudo ocurra esta reacción química, más se refuerza el detonante. Como resultado, se vuelve más y más difícil «simplemente decir no». Más al respecto en el capítulo 10.

Una vez que el detonante es activado se lleva a cabo una segunda reacción común que empieza como un diálogo interno. El detonante propone una solución al problema de ese profundo quebrantamiento.

A continuación están algunos escenarios comunes que Aidan encontró, y que describen cómo los detonantes proveen una solución al problema.

Nuestro quebrantamiento	→	Me siento abrumado con mi vida, estoy cansado y no tengo energía para cumplir hoy con mis deberes.
La solución del detonante	→	La pornografía alivia mi estrés, aumenta mi energía, y me da algo en qué enfocarme.
Nuestro quebrantamiento	→	Ninguna mujer me querría si me conociera de veras. No tengo lo que se necesita para conseguir a una mujer.
La solución del detonante	→	La pornografía me «quiere». Con la pornografía tengo lo necesario.
Nuestro quebrantamiento	→	Me siento impotente con mi esposa, y ella siempre gana.
La solución del detonante	→	La pornografía me hará sentir poderoso. Se lo demostraré a mi mujer.

Al principio Aidan no se daba cuenta que estaba siendo activado. Con el tiempo comenzó a identificar los detonantes que eran exclusivos para él. A medida que lo hacía, el poder del ciclo de opresión del alma se clarificaba aun más.

¿POR QUÉ ESTAMOS TAN ANSIOSOS?

Una vez activada, la pornografía nos jala hacia su vórtice gravitacional. Esta es la etapa de ansiedad; y una vez que un hombre llegue a ella, sin que se presente alguna interrupción importante o intervención, es muy probable que actúe. Tres fases componen la etapa de ansiedad. La fase uno ocurre cuando *la pasión se despierta*. Si ser activado es como tirar de la cuerda de una cortadora de césped para prender el motor, entonces la etapa de ansiedad impulsa la máquina hacia delante. Un hombre puede sentirse sexualmente excitado, pero por regla general lo que primero experimenta es un alza del estado de ánimo, una inyección de energía, o viento en las velas de su alma.

Aunque no me he comportado sexualmente mal desde 1994, a veces la batalla con la lujuria puede ser intensa. Hace poco observé un patrón del que no había sido consciente. Cada vez que iba al supermercado, sagradamente recorría el pasillo de las revistas. Al pasar por las brillantes portadas con celebridades y modelos, descubrí que mi energía y mi estado de ánimo mejoraban levemente. Aunque no me detuviera a enfocarme en ninguna revista en especial, solamente el hecho de pasar caminando entre esas imágenes era como una dosis de café en la tarde.

En el momento en que nos preocupamos, nuestros cerebros empiezan a liberar dopamina y adrenalina, nuestros niveles de energía aumentan, y nuestras desinfladas almas comienzan a llenarse y a elevarse como un globo inflado con helio. Conozco hombres que no han mirado pornografía en años, pero que prácticamente viven en la etapa de ansiedad. Sus mentes están constantemente al acecho de estimulación sexual, y lo justifican por no estar usando pornografía.

La fase dos ocurre cuando la *atención es enfocada*. Inspirándome en la película *Top Gun*, a esta etapa la denomino «bloqueo de radar». Así como un avión de combate se enfoca en su enemigo, la pasión y el deseo se fijan y se centran en la pornografía. La dopamina (la molécula «tengo que tenerlo») que el cerebro libera durante la fase de activación, comienza a aumentar, haciendo que el individuo se cautive más y más. Un hombre lo describió de este modo: «Es como si estoy en el desierto, y de pronto veo un oasis. En lo único que puedo pensar y de lo único que estoy consciente es en llegar a ese paraíso. Me podría encontrar en medio de una reunión de trabajo, o hablando con mi esposa, pero en realidad ya no estoy allí... estoy saliendo hacia el oasis».

Como hombres también debemos estar conscientes del nivel de preocupación con la porno. Algunos quizás solo la busquen una vez al mes, mientras que otros se hallan fuera de control varias veces al día. Antes del doloroso conflicto en la iglesia, Aidan actuaba una o dos veces al año. A pesar de sus problemas continuos y subyacentes, él podía «administrar» su pecado. Pero agregar el conflicto de la iglesia a sus problemas familiares y de salud fue demasiado, y así se acrecentó su batalla con la pornografía. Cuando finalmente me habló de su lucha, este hombre estaba pasando más de tres horas al día en línea.

La fase final en el ciclo de ansiedad es cuando *se hacen arreglos*. En este punto el hombre empieza a sentar las bases acerca de cómo actuará con la pornografía. Podría estar dirigiéndose a una reunión de negocios, y al mismo tiempo estar planificando revisar escenas pornográficas en su Smartphone. Podría pasar la mañana fantaseando mientras trabaja en su escritorio, y a la vez imaginarse masturbándose en el baño de hombres a la hora de almorzar. Podría ofrecerse a «trabajar en las cuentas» el sábado por la mañana mientras su esposa lleva a los niños al gimnasio, cuando en realidad está planeando navegar en busca de porno. Por supuesto, algunos hombres se activan, llegan a preocuparse con el asunto, y actúan al instante. Cada hombre tiene su propia senda que lo atrapa.

CÓMO NUESTRAS ALMAS QUEDAN ATRAPADAS

Aunque no encuentres la palabra «adicción» cuando buscas en tu programa de software bíblico, la Biblia enseña claramente que podemos volvernos esclavos de pasiones impías (Romanos 6.19; Tito 3.3). Ser esclavos significa que estamos cautivos, que ya no somos libres, y que nos encontramos indefensos para emanciparnos. Por esto Pablo exclamó: «¿Quién me librará?» (Romanos 7.24). Una de las imágenes más impactantes de la Biblia describe la realidad de las pasiones adictivas como una trampa. El escritor de Proverbios nos dice: «Espinas y trampas hay en la senda de los impíos, pero el que cuida su vida se aleja de ellas» (22.5, NVI).

Muchos lectores modernos quizás no estén familiarizados con una trampa en sí. Durante miles de años los cazadores han usado trampas (lazos hechos de cuerda o alambre) para atrapar a sus presas. A fin de atraer el objeto de su deseo ponen un señuelo, por lo general un delicioso trozo de carne, dentro de la lazada de la trampa. Al tratar de consumir el cebo, el animal entra a la trampa y la activa. Mientras más se esfuerce la víctima por liberarse de la trampa, más se aprieta. El Antiguo Testamento relata que podemos quedar atrapados por nuestras decisiones pecaminosas (Proverbios

29.6) y por nuestra adoración a ídolos u otros dioses (Éxodo 23.33; Deuteronomio 7.16).

Una forma particularmente perniciosa de quedar apresados es a través del pecado sexual. Cuando Salomón ofreció su consejo a los varones con relación a la seducción y al peligro del pecado sexual, utilizó la imagen de un buey que va al degolladero (Proverbios 7.1–23). El escritor de Eclesiastés advirtió contra la mujer «cuyo corazón es lazos y redes, y sus manos ligaduras». Luego concluyó: «El que agrada a Dios escapará de ella; mas el pecador quedará en ella preso» (7.26).

El principio de rendición

Cuando una persona queda atrapada por algo como la pornografía ocurren dos dinámicas diferentes. A la primera la llamo el *principio de rendición*. En otras palabras, nuestros corazones se adhieren a aquello que se han sometido. Podemos entregar nuestros corazones en manera que son hermosas. Muchas personas describen sus experiencias de conversión como haber «entregado mi corazón a Cristo». O en un día de bodas podemos hablar de «entregar mi corazón» a nuestro ser amado. Rendir nuestros corazones en esta forma puede ser algo que da vida, a medida que nos volvemos más como Dios diseñó que fuéramos.

También podemos rendir nuestros corazones en maneras que nos degradan. Por ejemplo, podemos rendirlos a una sustancia, como la comida; a una acción o actividad, como sexo, juego o compras compulsivas; o a una persona, como un cónyuge, un interés romántico, e incluso un hijo. Pablo sabía que cuando rendimos quiénes nosotros somos, ya no somos libres.

> Tampoco presentéis vuestros miembros al pecado como instrumentos de iniquidad. (Romanos 6.13)

> ¿No sabéis que si os sometéis a alguien como esclavos para obedecerle, sois esclavos de aquel a quien obedecéis? (Romanos 6.16)

El apóstol sabía que cuando rendimos nuestros corazones a algo, estos se adhieren a aquello.

El principio de la unión

La segunda dinámica que se lleva a cabo cuando quedamos atrapados es lo que llamo el *principio de la unión*. Esto ocurre después de que hemos cedido nuestros corazones a una cosa, una persona, o un proceso. Cuando nos unimos, ya no somos libres. Gerald May ha escrito: «En las grandes tradiciones espirituales del mundo se ve a las ataduras como cualquier preocupación que usurpa nuestro deseo por amor, cualquier cosa que se vuelve más importante para nosotros que Dios. Paul Tillich dijo que todo aquello que en última instancia nos preocupa es un dios para nosotros. En cualquier momento dado, lo más probable es que aquello que más nos preocupa sea algo totalmente diferente al Dios verdadero».[3]

Por tanto, el hombre cuyo corazón está rendido a la pornografía se hallará unido a ella. Mientras más frecuentemente se rinda, más fuerte se vuelve la unión. La pornografía y la lujuria que al principio parecieron estar sirviéndole se han convertido ahora en su amo. Ese individuo se encuentra atado y obligado. Está atrapado.

NUESTRA LÁSTIMA NUTRE NUESTRO QUEBRANTAMIENTO

En el ciclo de opresión del alma, la etapa de la vergüenza es la más insidiosa. Muchos hombres experimentan importante sanidad de su quebrantamiento, solo para caer en la trampa. Por lo general esto se lleva a cabo porque los tentáculos de la vergüenza aún retienen a estos individuos en sus garras. En este punto del ciclo es necesario abordar dos clases de lástima. La primera resulta de los actos compulsivos en sí. *No puedo creer lo que he hecho*, podría pensar un hombre.

La segunda clase de lástima resulta de las creencias básicas que han estado presentes en el individuo todo el tiempo. *Básicamente soy un tipo malo [o indigno]. No soy suficientemente bueno. No estoy a la altura. Nadie me amaría como soy. No puedo satisfacer mis necesidades al estar dependiendo de otros.*

La consecuencia más sutil de avanzar tan lejos en el ciclo es que nuestra lástima está posicionada en lo alto de nuestro quebrantamiento. En otras palabras, nuestra lástima alimenta y aumenta el quebrantamiento. El ciclo es vicioso. Un hombre piensa para sí: *si me sentía mal conmigo mismo antes de darme gusto con la pornografía, ahora tengo verdaderos motivos para sentirme mal.* A la etapa de lástima se le debe dar un golpe mortal. Aunque es difícil creer en esto al inicio, cuando un hombre empieza a tratar con su lástima, la compulsión hacia lo pornográfico disminuye a menudo en gran manera.

LA PENITENCIA Y EL GRITO DEL CORAZÓN POR LIBERTAD

La etapa de penitencia está íntimamente relacionada con la etapa de lástima porque a través de ella reaccionamos a la vergüenza. En esta etapa un hombre agarra la lástima que siente e intenta vencerla de algún modo por medio del desempeño personal. Esta es una manera inconsciente de purgar nuestro pecado, porque en el fondo creemos que nuestra lucha nos hace menos aceptables ante Dios. La mayor parte del tiempo efectuamos nuestra penitencia de modo subconsciente. Las historias de hombres en la etapa de arrepentimiento pueden ser desgarradoras. He conocido individuos que físicamente se dañan sus genitales para castigarse. Algunos se han privado de alimentos después de actuar sexualmente, presumiblemente para volver a obtener control sobre su apetito sexual o para expresar remordimiento. He conocido hombres que representan su arrepentimiento llevando flores a sus esposas o novias, o siendo más atentos. Cuando mi lucha con la pornografía estaba en su peor momento estimulé perjudicialmente mi cuerpo más allá de sus límites. Una cantidad de veces corrí alrededor de la pista local hasta quedar enfermo, o me ejercitaba hasta el agotamiento. Sin embargo, mi forma más común de penitencia era agridulce: aprendía de memoria largos pasajes de la Biblia. Aunque hoy día admito que esto me sirvió, en ese tiempo lo hice porque no me creía aceptable ante Dios del modo en que yo era.

A pesar de la presencia de nuestras adicciones y compulsiones con la pornografía, en lo profundo nuestros corazones suspiran por libertad. El ciclo de opresión del alma es una descripción del patrón de esclavitud. Pero hay buenas noticias. Tú puedes recorrer un sendero que lleva a la libertad, el cual exploraremos más adelante. John Donne fue un poeta, filósofo y sacerdote del siglo dieciséis. En algún momento de su vida se le conoció por gastar grandes cantidades de dinero en mujeres, diversiones y viajes. Sabiendo que solo Dios era la fuente de salvación para sus compulsiones, escribió estas palabras de rendición al Señor en su Soneto Sacro 14:

> Golpea mi corazón, Dios de las tres personas; porque tú
> Hasta ahora solo tocas a la puerta, respiras, iluminas, y
>   tratas de enmendarme;
> A fin de que yo pueda levantarme y resistir, derríbame,
>   y dobla
> Tu fuerza para quebrarme, aventarme, quemarme y hacerme
>   de nuevo.
> Yo, cual una ciudad usurpada, aunque para otro debida,
> Me esfuerzo por admitirte, pero, oh, inútilmente.
> La Razón, la presencia de tu virrey en mí, debería defen-
>   derme,
> Pero esa presencia está cautiva, y resulta débil o falsa.
> Mas yo mucho te amo, y con gozo querría ser amado por ti,
> Pero estoy prometido a tu enemigo.
> Divórciame, desátame, o rompe de nuevo ese nudo,
> Llévame a ti, encarcélame, porque yo,
> A menos que me cautives, nunca seré libre,
> Ni jamás seré casto, a menos que tú me embeleses.[4]

«...porque yo, a menos que me cautives, nunca seré libre». Este es el objetivo final de evitar ser cautivado por la pornografía. Nuestros corazones son liberados de la fijación en lo pornográfico para ser cautivados por la belleza del amor de Dios, todo para que nuestros corazones puedan darse más completamente al Señor y a los demás. En el capítulo siguiente analizaremos cómo Dios en realidad ha tomado la iniciativa para hacer que esto suceda.

8

Tu buen corazón

La cuestión con la libertad, entonces, no tiene que ver con que podamos hacer lo que queremos, sino con que podamos hacer lo que más profundamente deseamos.

—GERALD MAY, *THE AWAKENED HEART*[1]

¿Qué buscáis?

—JESÚS DE NAZARET (JUAN 1.38)

—¿Podemos pasar algún tiempo juntos, Larry? —pregunté—. Estoy luchando con tentación sexual, y me gustaría hablar contigo al respecto.

Mientras yo realizaba una pasantía con el autor y psicólogo Larry Crabb, finalmente me armé de valor para pedir ayuda. Por suerte él estuvo de acuerdo. Por desgracia apliqué la «regla de noventa y siete por ciento», la cual establece que al hablar con un compañero cristiano acerca de pecado sexual hay que asegurarse de no compartir el tres por ciento más íntimo. A pesar de mi descarado engaño, nuestra conversación me plantó semillas en el corazón que no pudieron dar fruto hasta que fueran enterradas y murieran.

—Realmente estoy luchando en serio con la lujuria y el deseo de ver pornografía —admití.

Para entonces yo había hecho muchísimo más que eso, pero ser transparente era un gran problema para mí. Larry pudo ver que yo estaba atribulado con mi lucha, así que me hizo algunas preguntas de sondeo respecto a mi vida y a mi historial sexual.

Al final de la plática me agarró desprevenido.

—Si lo que *realmente* quieres hacer es ver pornografía, entonces sigue adelante y mírala —expresó.

—Sí, claro. En realidad eso es lo que voy a hacer —dije, riendo cínicamente.

—Si lo que *realmente* quieres hacer es ver material pornográfico y masturbarte, entonces ve y hazlo —repitió Larry mirándome fijamente, muy serio.

Me di cuenta que él no estaba siendo impertinente, pero yo también conocía la integridad del hombre.

—Sé que esta debe ser alguna clase de psicología inversa o algún tratamiento paradójico que estás probando en mí, ¿correcto? —opiné.

Sin embargo, la mirada en su rostro me dijo que esta no era su intención.

—No lo entiendo —exclamé—. ¿Por qué me estás diciendo que siga adelante, vea pornografía y me masturbe?

Frustrado, golpeé entonces el puño en el brazo de la silla.

—¡Eso no es lo que quiero hacer! —grité.

—¡Exactamente! —vitoreó, mientras los ojos le chispeaban de alegría—. Ese es el punto. Ver pornografía y masturbarte *no es lo que realmente deseas hacer.*

Me quedé sin habla. *¿Podría esto realmente ser cierto? A pesar de mis pasiones descontroladas, ¿podría una pasión por Dios dentro de mí funcionar más profundamente que mi deseo por el sexo y la pornografía?* Por primera vez en la vida me sentí con verdadera esperanza de que mi corazón no estuviera delimitado por la lujuria. Supe que dentro de mí moraba algo bueno, noble y piadoso que no se basaba en mi comportamiento, en mi fidelidad, o incluso en mi resistencia a la tentación.

Ese día descubrí lo que la Biblia describe como mi nuevo corazón. Pero antes de profundizar más en nuestros nuevos y buenos corazones primero debemos entender nuestros viejos corazones, aquellos que aún no se han renovado por medio de Cristo.

LA RAZÓN DEL EVANGELIO: NUESTROS
CORAZONES ESTÁN APARTADOS DE DIOS

Nuestros corazones no siempre han estado alejados de Dios. Nuestra historia no comenzó con el pecado. El Señor creó a su imagen tanto al hombre como a la mujer, y les confirió gloria, belleza y dignidad, características que aun hoy residen en lo más profundo de nuestro ser. No obstante, cuando nuestros antepasados en el huerto del Edén comieron del fruto que Dios les ordenó no comer, tomaron las cosas en sus propias manos y eligieron la autosuficiencia por sobre la confianza en su Creador. El escritor de Eclesiastés lo pone de este modo: «He aquí, solamente esto he hallado: que Dios hizo al hombre recto, pero ellos buscaron muchas perversiones» (7.29). Esta es la esencia del pecado y la proclividad de todo ser humano sin Cristo. Estamos inclinados en una dirección lejos de Dios.

A medida que se desarrolla la historia de la humanidad, esta tendencia evoluciona de modo dramático. El primer asesinato ocurrió cuando Caín, el hijo de Adán y Eva, mató a su hermano Abel. Y a medida que las personas comenzaron a multiplicarse y a llenar la tierra, Dios sintió dolor por la creciente maldad del ser humano. A las pocas generaciones leemos que «vio Jehová que la maldad de los hombres era mucha en la tierra, y que todo designio de los pensamientos del corazón de ellos era de continuo solamente el mal» (Génesis 6.5).

Así que el Señor puso en marcha otro plan de rescate. Destruyó casi toda la creación en un diluvio y empezó de nuevo con Noé y su familia. Cuando Noé salió del arca construyó un altar a Dios, quien a cambio hizo un pacto con este hombre y sus descendientes. Les prometió nunca volver a destruir a todos los seres vivientes. Luego bendijo a la familia de Noé y les ordenó que fructificaran y se multiplicaran.

Pero las cosas tampoco resultaron mucho mejor esta vez, porque la gente siguió dándole la espalda al Señor. Una vez más el Creador inició un plan para salvarlos, haciendo un pacto con Abraham. Prometió que todos los pueblos de la tierra serían bendecidos a través de este hombre (Génesis 12.3). A las pocas generaciones los descendientes de Abraham terminaron de esclavos en Egipto y se olvidaron de su Dios. Pero una vez más él los rescató. Los liberó de Egipto e hizo un pacto con ellos por medio de Moisés, quien les entregó las leyes de Dios en tablas de piedra.

¿Ves aquí el patrón? Por toda la Biblia, Dios comenzó una cantidad de pactos, o acuerdos formales, con su pueblo. Estos no eran documentos legales, como el cierre de una hipoteca; todos fueron pactos de promesa divina de rescate. La mejor palabra en el Antiguo Testamento para describir un pacto es *salvación*. Dios inició una forma de salvar y reservar a un pueblo a quien llamaría propio.

Pero el pecado y la maldad habían desatado un efecto dominó de incredulidad, idolatría y egocentrismo, dando lugar a un mundo que estaba muy lejos del Edén. Así que Dios envió profetas para llamar a su pueblo al arrepentimiento. El profeta Jeremías resumió así el patrón del pueblo del Señor: «Engañoso es el corazón más que todas las cosas, y perverso; ¿quién lo conocerá?» (17.9).

El patrón de nuestra inclinación a alejarnos de Dios provocó una declaración repetida: «No hay justo, ni aun uno; no hay quien entienda, no hay quien busque a Dios» (Romanos 3.10–11; revisa también Salmos 14.1–3; 53.1–3; Eclesiastés 7.20).

Sin un cambio sustancial en el mismísimo centro del corazón humano, el patrón de maldad se repetiría una y otra vez por la eternidad. Dios debía enfocar el problema del pecado humano en el nivel más profundo posible. Así que puso en acción un plan que había determinado antes de la fundación del mundo, y que alcanzaría el propio corazón de hombres y mujeres que se convertirían a Cristo.

NECESITAMOS UN TRASPLANTE DE CORAZÓN

Hace algunos años un hombre me dijo: «¡Quisiera ir a un hospital para que me quitaran quirúrgicamente mi adicción sexual!». Aunque el individuo hablaba en broma, su deseo de curarse era intenso, y él sabía que necesitaba llegar al fondo de su problema. ¿No sería bueno que un médico nos pusiera anestesia y luego extrajera nuestros patrones de pecado, exactamente como una rotura de bazo o la apéndice inflamada? Por supuesto, no existe tal operación para el alma. Y si existiera, no trataría con el problema en sí.

En el Sermón del Monte, Jesús trató el problema de la lujuria: «Os digo que cualquiera que mira a una mujer para codiciarla, ya adulteró con ella en su corazón» (Mateo 5.28). La mayoría de nosotros hemos oído y sentido el peso de estas palabras. Pero lo que Jesús dijo a continuación pone en un contexto crucial a su famosa enseñanza acerca de la lujuria: «Por tanto, si tu ojo derecho te es ocasión de caer, sácalo, y échalo de ti; pues mejor te es que se pierda uno de tus miembros, y no que todo tu cuerpo sea echado al infierno. Y si tu mano derecha te es ocasión de caer, córtala, y échala de ti; pues mejor te es que se pierda uno de tus miembros, y no que todo tu cuerpo sea echado al infierno» (29–30).

Estas parecen palabras extrañas. ¿Estaba Jesús abogando por la automutilación? No. Tal vez nos estaba pidiendo que fuéramos radicales: que hiciéramos lo que fuera necesario para evitar el pecado. Que tomáramos medidas drásticas. Si tu computadora te está haciendo pecar, deshazte de ella, por ejemplo. Desde luego, debemos resistir el pecado, pero esta explicación evade totalmente el punto.

En el Sermón del Monte, Jesús echó por tierra la enseñanza de los líderes religiosos. ¿Qué constituye un homicidio? Enojarse o llamar necio a alguien (Mateo 5.21–22). Por tanto, ¿cambia esto si te pones cinta adhesiva en la boca? No, es un asunto del corazón. ¿Qué define al adulterio? Mirar a una mujer para codiciarla (Mateo 5.27–28). Por tanto, ¿cambia esto si te sacas el ojo? No, es asunto del corazón.

En el resto del sermón Jesús resaltó que la obediencia a la ley empieza y termina en el corazón. Seamos realistas: un ciego es tan capaz de codiciar como tú y yo. La cirugía física no cura nuestra lujuria. Jesús sabía mejor que nadie que el procedimiento quirúrgico que necesitábamos era un trasplante de corazón, no un desmembramiento.

EL RESTO DEL EVANGELIO: CORAZONES INCLINADOS HACIA DIOS

Dallas Willard ha sugerido que gran parte de lo que se entiende hoy día por buenas nuevas es un evangelio reducido, un evangelio que simplemente involucra creer lo correcto y ser perdonados.² Esto ha llevado a una clase de cristianismo enfocado en la vida *futura* y no en la vida *actual*, donde la madurez espiritual está definida por cómo se ven nuestras vidas por fuera.

El evangelio (las buenas nuevas) tiene realmente que ver con extraordinarias nuevas porque no solo se ocupa de conseguir el ingreso al cielo. Se refiere a la vida *ahora*. Casi nunca oímos a predicadores que digan que además del perdón y la seguridad de la salvación, algo crucial se nos ha restaurado. Dios ha obrado de tal manera que nuestros corazones que estaban inclinados a estar *lejos* de Dios (antes de Cristo) ahora están inclinados *hacia* Dios a causa de Cristo.

Los mismos profetas que hablaron de las profundidades de la maldad en los corazones de los hombres, también predijeron la resolución definitiva de Dios al profundo problema del pecado en nuestros corazones. Un plan tan radical que le costaría todo al Señor:

> Él herido fue por nuestras rebeliones, molido por nuestros pecados; el castigo de nuestra paz fue sobre él, y por su llaga fuimos nosotros curados. Todos nosotros nos descarriamos como ovejas, cada cual se apartó por su camino; mas Jehová cargó en él el pecado de todos nosotros. (Isaías 53.5–6)

Al enviar a Jesús, Dios llevó su esfuerzo de rescate a un nivel totalmente nuevo. En lugar de tratar con el pecado a la manera antigua, con un sistema de sacrificar corderos y otros animales, proveyó el cordero: el Cordero de Dios, Jesús. Como resultado, nuestros pecados fueron lavados (1 Corintios 6.11), y él hizo alejar nuestros pecados como el oriente está lejos del occidente (Salmos 103.12).

En Jesús, Dios marcó el inicio de un nuevo pacto. ¿Recuerdas lo que dijo Jesús en la Última Cena? «Esta copa es el nuevo pacto en mi sangre, que por vosotros se derrama» (Lucas 22.20). Lo que quiso decir fue que por medio de él, Dios trajo salvación, así como hizo antes. Pero esta vez ofreció una operación radical que trató con el pecado al nivel más profundo posible: nuestros corazones.

Este es el pacto que haré con la casa de Israel después de aquellos días, dice Jehová: Daré mi ley en su mente, y la escribiré en su corazón; y yo seré a ellos por Dios, y ellos me serán por pueblo. (Jeremías 31.33)

Anteriormente las leyes de Dios estaban escritas en tablas de piedras; ahora las escribiría en nuestros corazones y nuestras mentes. La ley había existido fuera de nosotros; ahora residiría dentro de nosotros. Ezequiel también habló del nuevo pacto prometido incluso con más detalles. Su descripción fue aun más lejos que las de los demás profetas del Antiguo Testamento: «Esparciré sobre vosotros agua limpia, y seréis limpiados de todas vuestras inmundicias; y de todos vuestros ídolos os limpiaré. Os daré corazón nuevo, y pondré espíritu nuevo dentro de vosotros; y quitaré de vuestra carne el corazón de piedra, y os daré un corazón de carne. Y pondré dentro de vosotros mi Espíritu, y haré que andéis en mis estatutos, y guardéis mis preceptos, y los pongáis por obra» (36.25–27).

Dios reveló que nos haría absolutamente limpios y puros. Esto requeriría cambiar nuestros antiguos corazones e identidades por unos nuevos. Nuestros corazones de piedra serían reemplazados por corazones de carne. Finalmente, al poner su Espíritu dentro de nosotros nos daría poder para obedecer. Lo obedeceríamos no porque tendríamos que hacerlo sino porque *querríamos* hacerlo.

El Nuevo Testamento describe a Jesús como mediador del nuevo pacto (Hebreos 12.24), porque Dios puso su ley (Jesús, el cumplimiento de la ley) dentro de nuestros corazones. En vez de escribir su ley en tablas de piedra, las escribió sobre las tablas del corazón humano.

No se me ocurre ninguna verdad teológica o promesa emocionante más oportuna en cuanto a la esperanza de compartir con el hombre atrapado en compulsión sexual, que la idea del nuevo pacto. La verdad es esta: Dios ha tratado con el pecado en tu corazón. Y tener un nuevo corazón cambia todo, incluyendo lo que haces con los ojos, las manos y otras partes del cuerpo.

TU CORAZÓN BUENO ES LO MÁS CIERTO ACERCA DE TI

Cuando puse mi fe en Cristo a los dieciséis años de edad lo hice por dos razones. Necesitaba perdón, y quería ir al cielo. Según la enseñanza que había oído, a través de la muerte de Jesús en la cruz mi relación con Dios fue restaurada y la deuda de mis pecados fue pagada. En consecuencia, fui perdonado y tuve la seguridad de ir al cielo. No sabía que aunque estas verdades eran innegables, el evangelio involucraba mucho más. No tenía idea de que mi corazón había sido renovado ni qué significaba eso en realidad. No tenía idea de que la salvación era una puerta absolutamente esencial a través de la cual yo debía entrar, a fin de que en Cristo pudiera experimentar mi restauración.

Algo sustancial cambia en tu interior cuando pones tu fe en Cristo. Varios términos en la Biblia describen esta transformación. Jesús la llamó «nacer de nuevo» (Juan 3.3). Pablo se refirió a ella como «regeneración y renovación en el Espíritu Santo» (Tito 3.5). En realidad, el cambio sustancial que ha ocurrido es un trasplante de corazón.

En charla tras charla, los hombres me dicen que la razón de que lidien con la lujuria y la pornografía es que su «corazón es... terriblemente perverso», refiriéndose a Jeremías 17.9. Pero para el hombre que confía en Cristo, este es un error paralizante. Dios le ha dado *un nuevo corazón*, que ya no es terriblemente perverso. Este no es un aspecto secundario en cuanto a la situación teológica.

Lo que sí *es* cierto es que si perteneces a Dios tienes un corazón bueno. En la *parte más profunda* de quien eres radica una pasión por amar a Dios y andar en sus caminos. Esta declaración no se basa en simple emoción. Es una realidad presente. En este mismo instante, independientemente de si viste pornografía esta mañana o te masturbaste anoche, Dios dice esto acerca de ti y para ti:

- Eres puro y limpio (1 Juan 1.5–9).
- No tienes mancha o arruga (Efesios 5.27).
- Tienes la justicia de Dios (2 Corintios 5.21).
- Cristo vive en ti (Gálatas 2.20).

- Estás vivo para Dios (Romanos 6.11).
- Eres nueva criatura (2 Corintios 5.17).
- Tienes un corazón nuevo y recto (Lucas 8.15).

Tu naturaleza pecadora no es tu verdadera identidad. No es tu naturaleza más profunda y ya no controla tu carácter, propensión o ideología. El pecado ya no te define. Al contrario, he aquí la verdad más profunda respecto a ti: tu naturaleza pecaminosa ha sido retirada (Colosenses 2.11), y estás muerto a esa naturaleza pecadora (Romanos 6.11).

No te equivoques. Tu naturaleza pecadora, o tu carne, está vivita y coleando. Prueba suficiente de ello es tu lujuria por ver pornografía, tu deshumanización con relación a las mujeres, y tu exigencia de gratificar tus deseos. Pero tu carne (tu naturaleza pecaminosa) *ya no forma el núcleo de tu identidad*. Tu naturaleza pecadora ya no es quien eres tú.

CUANDO LO QUE QUIERES NO ES REALMENTE LO QUE QUIERES

Ahora mismo podrías estar pensando: *Todo eso está muy bien, e incluso podría ser verdad. Sin embargo, ¿por qué todavía me siento controlado por la lujuria y la pornografía?*

¿Recuerdas el grito del corazón de Pablo en Romanos 7, el cual exploramos en el capítulo 1? El apóstol aún luchaba con pecados que no quería cometer. Pero dejó en claro: «*Ya no soy yo quien hace aquello*, sino el pecado que mora en mí. Y yo sé que en mí, esto es, *en mi carne*, no mora el bien» (vv. 17–18, énfasis añadido). ¿Estaba Pablo escurriendo el bulto para no tener que tomar responsabilidad? ¿Estaba justificando el pecado? Por supuesto que no. El apóstol estaba haciendo una distinción crucial entre su naturaleza pecaminosa (su carne) y su verdadera identidad: su corazón nuevo. Entonces continuó: «Y si hago lo que no quiero, ya no lo hago yo, sino el pecado que mora en mí» (v. 20).

Esto es tan importante que debo decirlo otra vez. Pablo nos estaba diciendo que no nos define nuestra naturaleza pecadora. Un sinnúmero de seguidores de Jesús han vivido bajo la sombra de una teología perjudicial que los define por su naturaleza pecaminosa y por un corazón terriblemente malvado. Pero no debemos confundir nuestra naturaleza pecadora con nuestros nuevos corazones. Nuestra naturaleza de pecado fue crucificada con Cristo. Nuestros corazones nuevos están vivos con la misma vida de Dios palpitando en nosotros. Y estos corazones nuevos son buenos. Por supuesto, aún debemos resistir al pecado y a la tentación, pero también debemos saber que algo está activando ese pecado. Debajo del apetito pecador reside un deseo legítimo proporcionado por el Señor que brota de un corazón nuevo también provisto por Dios.

Cuando parece que lo único que deseas es la liberación de un orgasmo, algo dentro de ti quiere más. Cuando lo único en lo que piensas es en regresar al cuarto de tu hotel para poder hacer un clic en películas pagadas para adultos, en tu interior deseas algo más profundo. Por eso Larry Crabb me desafió hasta presionarme en aquello que yo realmente quería, en lo que yo ansiaba de veras. Cuando lo único que ejerce un poder fascinante en ti es la belleza de una mujer desnuda, hay algo más irresistible dentro de tu corazón. Y puedes aprender a aprovechar ese deseo más profundo.

CÓMO ENCENDER EL FLUJO DEL MANANTIAL INTERIOR

Si sobre una mesa colocas un plato de trozos de zanahoria y apio junto a un plato de papas fritas, ¿qué te parece más apetecible? Siempre he sabido que los vegetales son buenos para mí, y que las papas fritas podrían ser una opción malsana. Pero saber ese hecho casi nunca ha decidido en mi apetito. ¡Quiero las papas fritas! Durante mis primeros veinte años de seguir a Jesús asociaba los caminos de Dios con las zanahorias y el apio, y las papas fritas con mis propios caminos. Suponía que aunque sabía que los caminos del Señor eran mejores, mi inclinación natural era atraída hacia la lujuria y el sexo ilícito.

El evangelio altera todo esto. La realidad del nuevo pacto y de tu nuevo corazón es que muy dentro de ti tu inclinación es atraída ahora hacia el corazón y los caminos de Dios. «Deléitate asimismo en Jehová, y él te concederá las peticiones de tu corazón» (Salmos 37.4). En mi oficina tengo dos grifos de bronce que compré en una ferretería. Uno tiene llave roja y representa cómo a menudo nos acercamos a la vida cristiana. La suposición es que el origen de donde mana el agua es un pozo séptico, así que enfocamos nuestras energías en cerrar la llave. El segundo grifo tiene llave azul, y se supone que es la fuente de una reserva de agua buena y limpia. Nuestro objetivo con este grifo es abrir la llave... para liberar lo que está almacenado. Este grifo representa cómo debemos vivir en Cristo, especialmente con relación a nuestra recuperación de la pornografía.

Seguir el ejemplo de Jesús no tiene que ver con no pecar sino con liberar la vida del Maestro desde el interior. Como abrir un grifo. El objetivo no es cerrar la llave de la lujuria sino abrir la de la confianza. Tiene que ver con confiar en que Dios ha restaurado mi corazón, y que este es bueno. Poco a poco empecé a entender cuánta energía había gastado en tratar de dominar el pecado, en intentar represar el pozo séptico que imaginaba que había dentro, y en tratar de impedir que se derramaran las aguas residuales en el interior. Cuando dejé de poner mi energía en cerrar el grifo del pozo séptico, mis verdaderas pasiones comenzaron a subir a la superficie. Las tuberías de mi alma se hallaban obstruidas, y empezó a fluir algo que yo no sabía que estaba allí. Comencé a experimentar lo que Jesús describió como «una fuente de agua que salte para vida eterna» (Juan 4.14).

¿QUÉ TE DEFINE?

Con los años he dirigido grupos para individuos que luchan con conducta sexual compulsiva. Al inicio de cada grupo un hombre diferente toma su turno encendiendo una vela y recitando algo como esto: «Primero, encendemos la vela para reconocer la presencia de Jesús, la Luz del mundo, que vive en nosotros. Segundo, encendemos la vela para declarar que ya no nos define nuestra oscuridad sino la luz de Cristo».

Cuando comenzaron los grupos yo no tenía idea cómo un hecho pequeño y simbólico podría ser tan poderoso en recordarnos lo que es cierto. En nuestra última reunión de grupo generalmente los hombres comparten que su experiencia más memorable fue encender la vela. La verdad es que la luz de Cristo nos define. ¿Recuerdas la historia de la catedral en el capítulo 1? Yo no sabía que solo meses después se conocería mi doble vida. Sentado en ese majestuoso edificio escribí un poema acerca de mi corazón. Trataba del yo que estaba destinado a volar, a pesar de haber entregado mis plumas a la pornografía y a otros pecados sexuales. Las palabras que escribí esa gélida noche fueron una especie de presagio de la senda que yo habría de seguir el resto de mi vida.

Tengo un corazón muy deseoso
De atención y afecto
Pero me hallo saboreando amargo fruto
Para estimular mi apetito.

Mirando estoy una imagen
Esperando restaurar mi desgarrada vida
Ella es una hermosura, mas no es mía
Sino la esposa de alguien más.

Mi alma se encuentra muy sedienta
De vivir en total desenfreno
Pero lo que estoy extrayendo del pozo
Nunca me satisfará.

Todavía con mis pasiones luchando estoy
Y vez tras vez a Dios le hago promesas
Pero la tentación me consume
Aunque intento rechazarla con todas mis fuerzas.

En una búsqueda de amor ando vagando
E imagino la aparición de otro amanecer
Exhumo una vida de vetustas falsedades
Y entierro allí todos mis ensueños.

Pero últimamente he estado reflexionando
Y viendo con mis enceguecidos ojos
Aquella luz por la cual definido estoy
Y que es más brillante de lo que parece.

Sentado en esa catedral comencé a darme cuenta que mi deseo de atención y afecto era bueno. Mi anhelo de belleza era bueno. Mi sed de vivir con libertad y desenfreno era buena. La luz y la pasión dentro de mí eran buenas. Mi corazón era bueno. Por supuesto que lo era, pues se trataba del corazón de Jesús.

Toma un momento y vuelve a leer las últimas dos líneas del poema, y esta vez tómalo personalmente. «Aquella luz por la cual definido *estoy* / Y que es más brillante de lo que parece». ¿Captaste eso? *Te* define la luz de Cristo. Mira, si Jesucristo vive en ti, es verdad, estás perdonado y limpio del pecado. Pero mucho más que eso, tu corazón pecador ha sido renovado. Se te ha dado nueva identidad y nueva naturaleza, *definidas por la luz de Cristo*. Dentro de ti reside una pasión profunda que es más fuerte que tu pasión por la pornografía, el alivio, el consuelo o la venganza. Es una pasión por amar a Dios y por andar en sus caminos, así como Cristo lo hizo. ¿Qué podría significar para ti avivar esa llama?

9

La batalla invisible

La historia de tu vida es la de un prolongado y brutal asalto a tu corazón realizado por parte de aquel que sabe lo que podrías llegar a ser, y lo teme.

—JOHN ELDREDGE

—¿Cuánto cuesta entrar? —pregunté, intentando ocultar mi nerviosismo.

—Cuatro dólares —gruñó el hombre detrás del mostrador, sin molestarse en levantar la mirada.

—Dejé la billetera en el auto —repliqué—. Ya regreso.

Mi billetera estaba en el bolsillo, pero solo contenía dos dólares, que era todo el dinero que me quedaba para los siete días siguientes. Salí desesperado por la puerta del frente, como si solo contara con la mitad del dinero necesario para un trasplante de riñón que salvaría la vida de alguien.

De vuelta al auto hurgué buscando monedas en la guantera y debajo de las alfombras del piso. Con la ayuda de una pajita usada de McDonald's logré retirar algunas monedas atascadas entre los asientos, y finalmente reuní otro dólar. Corrí al interior, aclaré la garganta, y acudí al empleado, quien estaba absorto en un *USA Today*.

—Esteee... tengo un poco menos de cuatro dólares. ¿Hay alguna manera de que no sea tan severo conmigo y me deje entrar?

El hombre levantó la mirada con aire de complicidad desde detrás del mostrador y me hizo señas de que pasara. Tímidamente atravesé el torniquete, separé las pesadas cortinas de terciopelo rojo, y entré al santuario interior del teatro porno. Durante casi una hora estuve sentado en medio de la oscuridad, con aproximadamente una docena de hombres... todos también sentados solos. Nunca antes me había arriesgado a ser visto en público. La pornografía siempre me había servido como mi gratificación privada, masturbándome con fantasías, revistas indecentes, y cintas de video ocasionales, pero ese aislamiento solo intensificaba mis ansias por contacto humano. Al conducir hacia el teatro porno esa noche, en secreto esperaba en realidad poder tropezar con algo o encontrar a alguien que llenara ese anhelo.

Lo hice trastabillando. Al ir a ese teatro se abrió una puerta a un mundo totalmente nuevo. Cerca de ese cine había un carnaval nocturno de tenebrosidad que yo no sabía que existiera. A disposición estaban discotecas, clubes de estriptís, bares, hoteles, fiestas, prostitutas, drogas y similares, todo fantástico. Algo en mi interior gritaba: *¡quiero esto!* Y algo replicaba: *todo esto es tuyo.* En los días siguientes me zambullí de cabeza, mientras mi adicción aumentaba rápidamente. A los tres días ya había contratado mi primera prostituta.

VIVIMOS EN UN MUNDO EN GUERRA

A la luz de las actuales condiciones del mundo, pocas personas no estarían de acuerdo en que nos hallamos en guerra. Solo miremos los problemas continuos de terrorismo y de innumerables asesinatos por el tráfico ilegal de drogas. A esto añadamos la cruda realidad de las atrocidades del genocidio, la esclavitud sexual infantil y el tráfico sexual, y pocos negarían la realidad de la maldad.

Pero si hablamos de maldad en la forma de entidades vivas, como Satanás y los demonios, esto parecería ser un poco extremo para la mayoría de personas. A pesar de la evidencia visible del mal, muchos escépticos se niegan a creer en una fuente detrás de esa maldad. Ciertamente puedo entenderlos. Incluso como cristiano no siempre he creído en la influencia de espíritus malignos o demonios. Hasta hace doce años sostuve una marcada posición, aunque casi sin ningún análisis, contra la influencia directa del enemigo en nuestras vidas. ¿Qué pensarían las personas de mí? ¿Daría yo la impresión de ser alguna clase de loco religioso? Como profesor seminarista a medio tiempo, no deseaba que me vieran como alguien intelectualmente ingenuo.

Me mantuve firme en mis creencias hasta que en mi oficina me topé con un hombre tras otro que luchaba con toda clase de quebrantamiento sexual.

Un individuo me confesó que cada vez que miraba material pornográfico y se masturbaba oía al instante una voz acusadora que le decía que nunca sería libre. Otro hombre se odiaba por sentir placer durante episodios de abuso sexual de parte de un primo mayor. Juró que nunca volvería a sentir placer sexual. Incluso otro hombre actuaba sexualmente en baños públicos con otros sujetos. Cada vez que decidía revelar su lucha a su esposa, el individuo desarrollaba intensos impulsos por matarse. Otro hombre más despertaba regularmente de pesadillas en medio de la noche, sintiendo una presencia palpable del mal cerniéndose sobre él.

Los escépticos podrían explicar de modo lógico cada uno de estos ejemplos como un síntoma psicológico. Es posible que te sorprendas al saber que estoy de acuerdo en que cualquiera de estos ejemplos *podrían* ser síntomas psicológicos. Pero mis puntos de vista cambiaron como resultado de un encuentro personal con el diablo.

En ese tiempo me hallaba aconsejando a un hombre al que llamaré Jim. Cuando nos reuníamos al principio, nuestros tiempos juntos parecían bastante normales. Pero después de varias sesiones comencé a notar un patrón perturbador. Inmediatamente después de reunirme con él, yo experimentaba una fuerte y opresiva lobreguez, junto con visiones de imágenes sexuales intensas y violentas. La primera vez que ocurrió esto consideré que eran residuos de nuestra conversación. La segunda y la tercera vez las rechacé como provenientes de mi propia lujuria. Finalmente, una noche me alistaba para ir a dormir, lavándome los dientes. Al mirar en el espejo del baño vi las mismas imágenes sexuales violentas, pero esta vez se hallaban frente a mí. Un escalofrío me recorrió la columna, y los vellos de la nuca se me pusieron en posición firmes. Este no era exactamente el ritual relajante antes de dormir al que yo estaba acostumbrado.

A los pocos minutos me hallaba al teléfono con mi amigo John, quien servía como pastor de ministerios de oración y sanidad en una iglesia local. Nerviosamente describí estas experiencias, y sin ningún indicio de pánico o drama me dijo: «Michael, esa es guerra espiritual. Oremos». Los diez minutos siguientes me cambiaron la vida. Mientras John oraba se fue el escalofrío, las imágenes desaparecieron, y sentí una profunda sensación de paz. Lo que yo había experimentado desmentía todo lo que creía acerca del diablo.

Durante el año siguiente comencé con un poco de timidez a leer y estudiar acerca de la guerra espiritual. Lo que descubrí me dejó totalmente sin aliento. Vivimos en un mundo en guerra, y esta consiste en una batalla librada contra *ti* y contra *mí*. La posesión más preciada de esa batalla, el propósito por el cual se la libra, es controlar el corazón humano. Yo no sabía que golpe a golpe me hallaba perdiendo, hasta que al fin sucumbí por completo. La noche aquella durante mis veintes en que negocié mi entrada a ese teatro porno, sin saberlo atravesé una puerta hacia las tinieblas. No me di cuenta que con cada decisión de pecado que tomaba, con cada revista, video y acto sexual pecaminoso, se abría una puerta que cedía más y más terreno al enemigo. Yo no vendía conscientemente mi alma ni adoraba a Satanás en ninguna de mis adicciones. Sin embargo, con toda seguridad te puedo decir que algo en mí cedía y se rendía a la tenebrosidad.

El diablo es real, y tiene nombre: Satanás... el adversario, el engañador, padre de mentiras. Después de ser arrojado del cielo por traición cósmica, Satanás y su legión de ángeles caídos tuvieron un objetivo: difamar a Dios (Génesis 3.1–4). El enemigo solo viene a robar, matar y destruir (Juan 10.10). Satanás quiere devorarte a ti y a todo lo que Dios desea que seas y logres (1 Pedro 5.8). Él existe para impedir en toda forma posible que te conviertas en el hombre de Dios que debes ser. El diablo odia tu alma, odia al Dios que mora en ti, y odia cómo tu vida puede hacer que el Señor se conozca. Si no puede matar tu cuerpo, intentará matar tu alma. Y si no puede matar tu alma, tratará de convencerte de que la cubras con vergüenza, e intentará conseguir que te escondas (Génesis 3.1–10). O más sutilmente, tratará de convencerte de que nunca cambiarás: «No tenemos lucha contra sangre y carne, sino contra principados, contra potestades, contra los gobernadores de las tinieblas de este siglo, contra huestes espirituales de maldad en las regiones celestes» (Efesios 6.12).

TU SEXUALIDAD ES UN BLANCO

¿Has notado alguna vez que para algunas personas la sexualidad puede ser una experiencia de placer y gozo intensos, mientras que para otras puede ser de vergüenza y dolor intensos? Desde el primer día de la unión de Adán y Eva, Dios quiso que la sexualidad fuera un regalo bueno. Pero para muchos, la sexualidad es cualquiera cosa menos buena; al contrario, les provoca sentimientos de traición y violación, vergüenza y dolor.

En el lapso de unos minutos, una vida joven puede cambiar cuando un tío acaricia los genitales de su sobrino en una reunión familiar. Ver a dos personas teniendo sexo en línea puede ser tanto confuso como excitante para un muchacho. ¿Qué causa esto? ¿Por qué el sexo crea tal quebrantamiento? Philip Yancey explicó el misterio y la naturaleza sacramental de la sexualidad humana.

> En cierto sentido nunca somos más semejantes a Dios que en el acto sexual. Nos hacemos vulnerables. Nos arriesgamos. Damos y recibimos en un acto simultáneo. Sentimos un deleite primordial, entrando en la comunión del otro. Muy literalmente hacemos una carne de dos personas diferentes, experimentando por poco tiempo una unidad como ninguna otra. Dos seres independientes abren su yo más íntimo y no experimentan una pérdida sino una ganancia. En alguna forma («un profundo misterio» que ni Pablo se atrevió a explorar) esta acción muy humana revela algo de la naturaleza de la realidad, y de la realidad de Dios, en las relaciones tanto con la creación como quizás dentro de la Trinidad misma.[1]

Yancey dijo que «nunca somos más semejantes a Dios que en el acto sexual». Asombroso, ¿verdad? Si nunca somos más semejantes a Dios que en el acto sexual, ¿debería sorprendernos que el diablo hiciera de la destrucción y la profanación del sexo un objetivo principal en su guerra contra todo lo que es bueno y glorioso? Esto es muchísimo más que ser responsable con alguien y tratar de mantenerse puro.

El teólogo Christopher West comentó: «Si el cuerpo y el sexo tienen el propósito de proclamar nuestra unión con Dios, y hay un enemigo que quiere separarnos del Señor, ¿qué crees que va a atacar? Si queremos saber lo que es más sagrado en este mundo, lo único que debemos hacer es mirar lo que se ha profanado de modo más violento».[2]

Tu sexualidad es una batalla intensa porque constituye *el* campo de batalla donde Dios desea demostrar quién es él y a qué se asemeja. A través de la relación sexual el Señor desea demostrar qué comunión con él es la que quiso para nosotros. Ese es el sabor de la intimidad que ansiamos. Echemos un vistazo a cómo el enemigo intenta hacer que esto suceda de manera equivocada.

MAQUINACIONES DEL ENEMIGO

Los soldados empiezan su formación en el campo de entrenamiento para todas las formas conocidas de combate. Pero una vez que llegan a una zona particular de guerra, ellos deben aprender urgentemente cómo pelea el enemigo. Por tanto los entrenan específicamente en cómo lidiar con insurgentes invisibles, con civiles potencialmente hostiles, y con una cultura radicalmente distinta. Les enseñan tácticas para manejar bombarderos suicidas y artefactos explosivos improvisados. De igual modo, nosotros debemos estar conscientes de la manera en que actúa *nuestro* enemigo. Pablo nos animó a no dejar que Satanás se burlara de nosotros, o a que no seamos inconscientes de las maquinaciones del diablo (2 Corintios 2.11).

En el capítulo 5 expliqué cómo Satanás tentó a Jesús apelando a tres falsificaciones: bien falsificado, verdad falsificada, y adoración falsificada. No obstante, solo después de que lo tentara a convertir piedras en pan, el enemigo se coló furtivamente en un ataque más sutil, y mucho más pérfido, que todo hombre debe entender: «Y le llevó a Jerusalén, y le puso sobre el pináculo del templo, y le dijo: Si eres Hijo de Dios, échate de aquí abajo» (Lucas 4.9).

¿Lo ves? El diablo no intentó un ataque frontal; trató de emboscar a Jesús desde el flanco. Le dijo: «Si eres Hijo de Dios...» ¡Satanás estaba lanzándole provocaciones a Jesús! Es como decirle a Michael Jordan: «Si sabes jugar básquetbol...» O con relación a lo que estamos tratando: «Si fueras un verdadero hombre...» Pero Jesús era inquebrantable en su sólida identidad. El Maestro ni cedió en forma de inseguridad ni actuó en defensa propia. Él sabía quién era (el amado Hijo de Dios), y se mantuvo firme en esa verdad.

¿Cuántos hombres han quedado atrapados en el lazo de la compulsión sexual porque tuvieron que probar algo? ¿O porque sus identidades estuvieran en juego? ¿Recuerdas «Las promesas incumplidas de la pornografía» del capítulo 2? Lo pornográfico promete fortaleza, poder e intimidad sin necesidad de mostrar un corazón verdadero. Cuando tu identidad como hombre está en juego, la pornografía, el poder, o las posesiones tendrán un atractivo irresistible. ¿Qué te tienta? ¿Qué te dice que eso es lo que tú eres? ¿Cuál es tu verdadera identidad? ¿Quién eres realmente? ¿Qué te define? ¿El auto que manejas? ¿La ropa que usas? ¿El reloj Omega?

LOS ÍDOLOS INVITAN A VÍNCULOS DEMONÍACOS

Pablo explicó en 1 Corintios 10.20 que los demonios están conectados a ídolos. Cuando nos entregamos a un ídolo, sea un reloj Omega o imágenes de mujeres desnudas, nos hacemos vulnerables al enemigo. Es obvio que un reloj Omega y una mujer hermosa no son esencialmente malos, pero lo que hacemos con ellos determina si constituyen o no un ídolo para nosotros.

Sin embargo, la idolatría funciona como un trato dos por uno. Cuando tomamos un ídolo, Satanás lanza un demonio por si acaso. Es como hacer proposiciones a una prostituta solo para descubrir que se trata de una agente policial encubierta. De igual modo, nuestras adicciones sexuales otorgan a los poderes de las tinieblas el derecho de actuar como ocupantes ilegales en nuestros corazones. No les damos permiso para ocupar ese espacio, pero nuestra conducta sexual ilícita actúa como un cartel de habitación vacía que dice: «¡Cuarto y hospedaje gratis!». Y una vez que a los poderes de las tinieblas les damos permiso para influir en nosotros, el enemigo usa dos estrategias importantes para profundizar más nuestra servidumbre: puntos de apoyo y fortalezas.

LOS PUNTOS DE APOYO SON PUERTAS HACIA LAS TINIEBLAS

Pablo escribió en Efesios 4.26–27: «Airaos, pero no pequéis; no se ponga el sol sobre vuestro enojo, ni deis lugar [un punto de apoyo] al diablo». ¿Estaba el apóstol sugiriendo que el enojo es el único pecado que proporciona al diablo un punto de apoyo? ¿Estaba diciendo que el enojo es algo tan pernicioso que el diablo lo usa como ninguna otra cosa? Lo dudo.

En realidad, al considerar el contexto, en que el apóstol estaba escribiendo acerca de la transformación de la antigua naturaleza a la nueva, pareció usar el enojo como una ilustración de cómo Satanás usa el pecado en general como un punto de entrada al interior de nuestras vidas. Pablo pudo muy bien haber dicho: «No se ponga el sol sobre tu ansiedad, tu lujuria, tu pasividad, ni deis un punto de apoyo al diablo».

Esto nos indica que los problemas pequeños y aparentemente no relacionados como la ira pueden dar cabida al pecado, lo que a su vez puede abrir la puerta a la influencia del enemigo. He aquí cómo esto me ha parecido. En cierto momento me irrito un poco con mi esposa porque ella deja abiertas las puertas de la alacena. Cuando consiento esa irritación, el hábito de ella de dejar abiertas las puertas de la alacena se convierte en un ataque personal contra mí, y repentinamente soy una víctima indefensa en mi matrimonio. ¡Ahora estoy enojado y quiero hacerle pagar!

En su libro *Disarming the Darkness*, Calvin Miller ofrece una descripción exacta de las tácticas del enemigo con puntos de apoyo: «Rara vez el demonio acude a nosotros para pedirnos que firmemos un contrato por nuestras almas. Él es más bien el dios de los arreglos laterales, quien nunca compra a las almas de una sola vez. Nos compra a plazos».[3]

LAS FORTALEZAS SON MORADAS DE LAS TINIEBLAS

Si un punto de apoyo abre la puerta a las tinieblas, ¿qué es entonces una fortaleza? La misma palabra da la idea de un recinto amurallado, un lugar defendido fuertemente contra el enemigo. Durante la Segunda Guerra Mundial, cuando las fuerzas aliadas desembarcaron en Omaha Beach, enfrentaron fortalezas reforzadas defendidas por el ejército enemigo que había conquistado Europa.

Espiritualmente hablando, ciertas circunstancias permiten al enemigo no solo entrar por la puerta sino también acampar y quedarse por un rato, todo con el objetivo de conquistar al individuo. Pablo describió de este modo la naturaleza de nuestra guerra contra las fortalezas: «Aunque andamos en la carne, no militamos según la carne; porque las armas de nuestra milicia no son carnales, sino poderosas en Dios para la destrucción de fortalezas, derribando argumentos y toda altivez que se levanta contra el conocimiento de Dios, y llevando cautivo todo pensamiento a la obediencia a Cristo» (2 Corintios 10.3–5).

Observa que el apóstol comenzó con la suposición de que los creyentes están comprometidos activamente en una guerra. También nos recordó que nuestras armas en esta batalla son marcadamente diferentes de las armas del mundo. Además, observa que Pablo definió *fortalezas* como «argumentos» y «altivez» (creencias y mentiras) que se arraigan en nosotros, y que se interponen en el camino de creerle a Dios. Estas falsedades afectan nuestras percepciones acerca de Dios, de nosotros mismos, o de otros.

Por último, observa el orden de la guerra. Las fortalezas son derribadas antes de que todo pensamiento sea llevado cautivo. Muchos hombres me han dicho que no pueden controlar, o llevar cautivos, sus pensamientos. Pero no podemos llevar cautivos nuestros pensamientos, o vencer cualquier otro pecado sexual, a menos que la fortaleza haya sido derribada.

Cuando los U.S. Navy Seals capturaron y mataron a Osama bin Laden no llegaron hasta su complejo, tocaron el timbre, y tranquilamente le solicitaron al señor Bin Laden que fuera con ellos. En lugar de eso se apropiaron del complejo fuertemente defendido en que el hombre había estado viviendo antes de que lo mataran. En el sentido espiritual el asunto funciona de la misma manera.

CÓMO DERRIBAR PUNTOS DE APOYO Y FORTALEZAS EN TU VIDA

La buena noticia es que los puntos de apoyo y las fortalezas pueden ser eliminados. Santiago 4.7 nos advierte: «Someteos, pues, a Dios; resistid al diablo, y huirá de vosotros». Someterse a Dios y resistir al diablo no son una sola acción. No podemos someternos a Dios y resistir al diablo al mismo tiempo. Sin embargo, algo tan sencillo como someternos a Dios nos coloca en la posición de empezar a destruir puntos de apoyo y fortalezas de toda una vida.

Exponiéndome a parecer repetitivo, se necesitan tres pasos para derribar fortalezas y puntos de apoyo en tu vida. Primero, debes *declarar* la mentira con la que te has conectado. A continuación algunas de las más comunes.

- *Nunca estaré sexualmente satisfecho en mi matrimonio.*
- *La gratificación sexual es necesaria para mi bienestar.*
- *Siempre seré gobernado por la lujuria y no puedo cambiar.*
- *La verdadera intimidad no vale la pena el riesgo.*
- *En realidad no amo a Dios o no estaría batallando de este modo.*
- *Mi corazón tiene que ser terriblemente malo.*
- *No puedo permitir que alguien conozca mis luchas más profundas.*
- *No soy un hombre fuerte y poderoso.*

Pídele a Dios que te revele las mentiras que crees. Quizás desees repetir la oración del salmista en Salmos 43.3: «Envía tu luz y tu verdad; estas me guiarán; me conducirán a tu santo monte, y a tus moradas».

Una vez que hayas identificado la mentira, entonces debes enunciarla. En ninguna parte de la Biblia dice que hay que expresarla en voz alta, pero parece indicar que ejercemos nuestra autoridad dada por Dios al pronunciar la mentira en voz alta. Cuando Jesús envió a setenta de sus seguidores en Lucas 10 para ministrar en nombre de Jesús, ellos se asombraron de que los demonios se les sujetaran. Exclamaron: «Volvieron los setenta con gozo, diciendo: Señor, aun los demonios se nos sujetan en tu nombre» (v. 17). Para que los demonios se sometan *en nombre de Jesús* es necesario invocar este nombre. Algo poderoso ocurre cuando expresamos la verdad en el nombre de Jesús.

A continuación debes *renunciar* a la mentira. Pablo dice en 2 Corintios 4.2 que él había renunciado «a lo oculto y vergonzoso». No afirmó que había detenido esas cosas, y ni siquiera dijo que se había arrepentido. Aseguró haber renunciado. Renunciar significa retirar de manera formal el hecho de participar de la mentira, como el miembro de una pandilla que renuncia a su afiliación al grupo. Pudiste haber creído la mentira en el pasado, pero estás decidido, por un acto de la voluntad, a que ya no te la tragarás.

Puede ser difícil renunciar a falsas creencias, mentiras y acusaciones del enemigo porque en algún nivel ayudaron a proteger nuestros corazones. Por ejemplo, cuando creí la mentira de que nadie me amaría por lo que en realidad yo era, no me podía arriesgar a ser lo suficientemente vulnerable como para recibir el amor de mi esposa por mí. Yo la apartaba o saboteaba nuestra relación siempre que ella se acercaba demasiado. Esa mentira se resiste a morir. Constante persistencia es la clave.

Por último, debemos *pronunciar* la verdad. Cuando intentas pronunciar la verdad podría venir a tu mente un pasaje bíblico, o podrías oír a Dios hablar la verdad acerca de ti. En este momento en la oración animo a los hombres a preguntar: «Jesús, ¿qué quieres decirme?». O, «Jesús, ¿qué verdad tienes para exponerme?». O, «Jesús, ¿cuál es la verdad respecto a mí?». Puedes hacer desaparecer la mentira preguntándole al Señor: «¿Soy un perdedor?».

ORACIÓN PARA DERRIBAR FORTALEZAS SEXUALES[4]

La siguiente oración es parecida a las que comencé a articular poco después de haber experimentado las violentas imágenes sexuales que mencioné al principio del capítulo. Conozco a muchas personas que han hecho regularmente esta oración durante ciertas etapas de sus vidas. No se trata de una dosis de una sola vez en que la haces y, ¡SUÁS!, no más lucha, sino que estas palabras representan una forma de rendir tu quebrantamiento sexual, tu buen corazón, y tu vida al señorío de Cristo. Además, la oración te ayuda a familiarizarte con el lenguaje y los principios de la guerra espiritual.

Señor Jesucristo: Aquí y ahora confieso que eres mi Creador [Juan 1.3] *y por tanto autor de mi sexualidad. Confieso que también eres mi Salvador, que me has rescatado con tu sangre* [Mateo 20.28; 1 Corintios 15.3]. *He sido comprado con la sangre de Jesucristo; mi vida y mi cuerpo le pertenecen a Dios* [1 Corintios 6.19–20]. *Jesús, me presento ante ti ahora para ser sanado y santificado en toda manera, incluyendo mi sexualidad. Tú nos pides que te presentemos nuestros cuerpos como sacrificios vivos* [Romanos 12.1] *y las partes de nuestros cuerpos como instrumentos de justicia* [Romanos 6.13]. *Hago ahora esto. Presento anti ti mi cuerpo, mi sexualidad y mi naturaleza sexual.*

Señor, pido que tu Espíritu Santo me ayude ahora a recordar, confesar y renunciar a mis pecados sexuales. [Haz una pausa. Escucha. Recuerda. Confiesa y renuncia.] Te pido perdón por cada acción de pecado sexual. Tú prometiste que si confesamos nuestros pecados, eres fiel y justo para perdonarlos y limpiarnos de toda maldad [1 Juan 1.9]. *Ahora pido tu limpieza de mis pecados sexuales; limpia mi cuerpo, alma y espíritu; purifica mi corazón, mente y voluntad; limpia mi sexualidad. Gracias por perdonarme y limpiarme. Recibo tu perdón y tu limpieza. Renuncio a todo derecho que yo le haya concedido a Satanás en mi vida o en mi sexualidad a través de mis pecados sexuales. Esos derechos están ahora anulados a través de la cruz y de la sangre de Jesucristo* [Colosenses 2.13–15].

Señor Jesús, te agradezco por brindarme perdón total y completo. Recibo ese perdón ahora. Decido perdonarme por todas mis maldades sexuales. También decido perdonar a quienes me han perjudicado sexualmente. [Sé específico aquí; enumera a esas personas y perdónalas.] Los libero ante ti. Libero todo mi enojo y juicio hacia ellos. Entra Señor Jesús al dolor que me causaron, y sáname con tu amor.

Pongo ahora la cruz de mi Señor Jesucristo entre toda persona con quien he tenido intimidad sexual y yo. [Enuméralas específicamente siempre que sea posible. También enumera a todo aquel que te haya abusado sexualmente.] Rompo toda atadura sexual, emocional y espiritual con [nombre, si es posible]. Coloco la cruz de Cristo entre nosotros.

Renuncio a [enumera la lucha: «la incapacidad de tener un orgasmo», «esta vergüenza persistente», «el odio a mi cuerpo», o «esta falta de deseo»]. Llevo la cruz y la sangre de Jesucristo en contra de esta [culpa o vergüenza, y en contra de toda consecuencia negativa]. Señor Jesús, también te pido que me reveles todos los pactos que he hecho en cuanto a mi sexualidad o a esta lucha específica. [Un ejemplo sería «Siempre lucharé con esto», «No merezco disfrutar el sexo ahora», o «Mi sexualidad es inmunda». Haz una pausa y permite que Jesús te revele esos pactos. Luego anúlalos.] Anulo este pacto [nómbralo] en el nombre de mi Señor Jesucristo, y renuncio a todo derecho que yo haya facilitado en mi vida.

Señor Jesús, ahora consagro mi sexualidad a ti en toda forma. Te consagro mi intimidad sexual con mi esposa. Te pido que limpies y sanes mi sexualidad y nuestra intimidad sexual en toda manera. Pido que tu gracia sanadora llegue y me libere de toda consecuencia de mi pecado sexual. Te pido que llenes mi sexualidad con tu bondad y tu amor sanadores. Restaura mi sexualidad en pleno. Permite que tanto mi esposa como yo experimentemos toda la intimidad y el placer. Tú diseñaste que un hombre y una mujer disfrutaran el matrimonio. Oro todo esto en el nombre de Jesucristo mi Señor. Amén.

Ora esto a solas, óralo con tu esposa, pastor, consejero... ¡pero óralo! Sé fuerte; ármate de valor. El enemigo podría estar mintiéndote ahora y diciéndote que esto es cursi o una locura, pero no lo escuches. Mientras más «oigas» que no deberías orar esto, más debes ponerte de rodillas y orar ahora mismo. Y sigue orando todos los días hasta que estés totalmente libre.

10

Tu cerebro en la pornografía

Así como arena de la playa, el cerebro lleva las huellas de
las decisiones que hemos tomado, las destrezas que hemos
aprendido, y los actos que hemos realizado.
—SHARON BEGLEY, EDITORA DE CIENCIA DE *NEWSWEEK*[1]

Vuelve a empezar y reiníciate tú mismo. Eres libre para irte.
—U2, «UNKNOWN CALLER»[2]

—Sé que en realidad no es cierto, pero parece como si mi cerebro
hubiera sido condicionado por la pornografía —afirmó Manny—.
He intentado todo y nada me sirve.

—¿Por qué dices que en realidad no es cierto? —inquirí.

—Es como decir: «Realmente no es culpa mía» —respondió
él—. No puedo culpar a nadie o a nada más por mi problema. Se
supone que debo confiar en Dios, ¿verdad?

—¿Y qué tal que tu cerebro *realmente* esté condicionado para
necesitar pornografía? —pregunté—. ¿Y que reconocer eso significaría que en realidad estás ejercitando fe?

—Bueno, eso sería fantástico —manifestó, sonriendo—. No me
sentiría como un absoluto perdedor.

Mi conversación con Manny no es diferente de las que he tenido
con muchos hombres que han intentado sinceramente recuperarse
de la adicción a la pornografía, pero que aún no han comprendido
que lo pornográfico cambia físicamente el cerebro. Al no entender
el impacto de esta desviación sobre el cerebro, demasiados hombres

ya no intentan cambiar, o cargan culpa y vergüenza innecesarias cuando su celo espiritual y su fuerza de voluntad no son suficientes.

Cualquier discusión acerca del uso compulsivo de pornografía es incompleta si no entendemos estos cambios físicos. Dios creó a los seres humanos en cuerpos físicos, y David escribió respecto a su propia creación en la matriz que fue «formidable y maravillosa» (Salmos 139.14). Así también nosotros somos. Definirnos y definir nuestros problemas solamente en términos espirituales no solo es anti bíblico sino que también obstaculiza nuestra recuperación.

En la última década, el campo de la neurociencia ha explotado nuestra comprensión del cerebro humano. Descubrimientos recientes tienen profundas implicaciones en relación con tratar varias adicciones y desórdenes psicológicos, y en con buscar bienestar físico y emocional. El tema constante es que, contrario a la sabiduría convencional, nuestros cerebros son muy cambiantes.

Cuando vuelas en una importante compañía aérea, tu viaje empieza con un anuncio a principio del vuelo que incluye una revisión de la tarjeta de procedimiento en caso de emergencia, colocada en el bolsillo trasero del asiento frente a ti. La tarjeta te brinda instrucciones importantes acerca de cómo escapar a salvo en caso de emergencia. No se te pide que domines los más minuciosos detalles de seguridad del avión; te dan instrucciones básicas que podrían salvarte la vida en caso de que algo saliera mal. Mi objetivo en este capítulo es brindarte en versión de bolsillo cómo la pornografía te afecta el cerebro, y cómo puedes usar esta información para liberarte del enganche de la pornografía en tu cerebro.

En viejos tiempos un popular anuncio de servicio público por televisión promocionó los peligros del uso de drogas. «Esto son las drogas», comenzaba un hombre mientras la pantalla mostraba una chisporroteante sartén. «Este es tu cerebro con drogas», continuaba la voz mientras en la sartén caliente estrellaba un huevo, el cual se freía al instante. «¿Alguna duda?», concluye el anuncio.[3] Su significado es claro. Las conductas adictivas como la pornografía afectan el cerebro igual que las drogas, en los aspectos más importantes.[4]

TU ÓRGANO SEXUAL MÁS IMPORTANTE

Si le preguntaras al azar en la calle a un hombre que nombrara el órgano sexual más importante, la respuesta sería previsible. Sin embargo, el deseo y la excitación sexual no empiezan en los genitales. Como verás, el órgano sexual más importante del hombre es su cerebro. Por tanto, cuando en un individuo se producen cambios en las partes del cerebro relacionadas con el sexo, también cambian su deseo sexual y su habilidad de elegir cómo actuar en consecuencia.

Bueno, he aquí la parte técnica. «El cerebro humano es un órgano húmedo, del tamaño de un coco, en forma de nuez, del color del hígado crudo, y con la consistencia de un melocotón demasiado maduro».[5] Adorable descripción, ¿verdad? Esto hace difícil imaginar que dentro de esta misteriosa estructura haya de diez a veinte mil millones de células llamadas *neuronas*, cada una interconectada en una serie de vías neuronales. Entre cada neurona hay un espacio de solo una millonésima de pulgada llamado *sinapsis*, donde electroquímicos conocidos como *neurotransmisores* sirven de transportadores de información. Piensa en los químicos como el «mensaje» o las «palabras», y en los receptores que están en las células receptoras como los «oídos».

El cerebro está compuesto de numerosas regiones y subestructuras, cada una con una función específica. Las dos regiones más grandes en el cerebro son el *sistema límbico* y la *corteza cerebral*. ¿Quieres una visualización sencilla? Alarga la mano con la palma hacia abajo. Ahora dobla el pulgar hacia la palma y luego haz un puño. La corteza cerebral está representada por la parte externa de tu puño, mientras el pulgar doblado en el medio de tu puño representa al sistema límbico. Cuando en el resto del capítulo me refiera a estas estructuras, piensa en puño y pulgar.

El sistema límbico, a veces llamado *cerebro interno*, o *cerebro primitivo*, gobierna emociones como temor, alegría y tristeza. También controla el hambre y la sed, los impulsos sexuales, la motivación y los instintos básicos de sobrevivencia. Cuando un niño toca una estufa caliente, el sistema límbico reacciona, y el niño aprende: *¡no es bueno tocar una estufa caliente!* Cuando ese asustado niño corre a los brazos de una madre amorosa, el sistema límbico reacciona, y el niño aprende: *¡esto es bueno!* El sistema límbico es en gran parte instintivo, con poca habilidad racional o lógica, y sin entendimiento de consecuencias o acciones.

La corteza cerebral, a veces llamada *cerebro externo*, es el asiento de la conciencia, la percepción y el pensamiento. Esta región gobierna la parte lógica del cerebro que permite planear, ejecutar, reflexionar y tomar decisiones. Conjuntamente con el sistema límbico, la corteza cerebral está involucrada en la moral, la comprensión de las consecuencias de ciertas acciones, y el control de impulsos.[6] Esta parte del cerebro en personas no adictas evita acciones de las que más podrían arrepentirse.

Si lo único que recordaras acerca del cerebro es cómo se relaciona con la pornografía, recuerda al neurotransmisor químico dopamina. Conocido como la molécula «tengo que tenerlo» y «anhelo esto», un experto en cerebro lo ha descrito como el combustible que alimenta nuestro motor del deseo.[7] Este neurotransmisor involucra la anticipación y la expectativa. Cuando nos imaginamos comiendo en un restaurante favorito, comprando un aparato nuevo, o teniendo sexo, el cerebro libera dopamina, y nuestros sentidos gritan: *dame, dame, dame.* Mientras más intensa la experiencia, más dopamina se libera en el cerebro.

Cuando un hombre ve pornografía aumenta el nivel de dopamina, causando una sensación elevada de excitación. A la inversa, cuando el nivel de dopamina baja, disminuye el nivel de excitación. Sin este neurotransmisor estaríamos todo el día en cama sin motivación por comer o por buscar metas importantes, relaciones o placer sexual. La dopamina es *el* neurotransmisor detrás de toda motivación.

LA PORNOGRAFÍA PUEDE SOBREESTIMULAR TU CEREBRO

Si algún ser malévolo convocara un concurso con la finalidad de crear el mecanismo perfecto para esclavizar el deseo humano, la pornografía por Internet ganaría el primer premio. Debes entender que las escenas pornográficas en línea son básicamente distintas de las que mostraban *Playboy* o *Penthouse* de las generaciones anteriores. Si las revistas, los videos y los DVD del pasado fueran como el avión Kitty Hawk de los hermanos Wright, entonces la pornografía por Internet sería un jet supersónico. Aunque estos aviones son impresionantes para uso militar o viajes a gran velocidad, no querrías uno aterrizando en tu patio trasero. Sin embargo, este es el impacto que lo pornográfico por Internet tiene en el cerebro. Su enorme poder e intensidad crea un mayor nivel de estimulación que el cerebro nunca tuvo la intención de experimentar. Debido a esto, el cerebro de un hombre que con regularidad usa pornografía puede cambiar y conformarse hasta asemejarse a las sendas neurales similares a las de un alcohólico o drogadicto.[8]

Gran parte de lo que se haya escrito sobre la relación entre el uso compulsivo de material pornográfico y el cerebro resalta el poder adictivo del orgasmo. Nadie discutiría que el orgasmo es una de las experiencias físicas y emocionales (y algunos dirían que hasta espirituales) más poderosas de la realidad de estar vivos. Científicos han demostrado que en esos momentos de éxtasis y rendición, la liberación de serotonina, dopamina, oxitocina y norepinefrina es tan poderosa en el cerebro como la heroína.[9] ¿Qué entonces hace a la porno tan distinta de tener relaciones sexuales o masturbarse? La respuesta te sorprenderá.

La pornografía por Internet estimula el cerebro de manera excesiva. Esto ocurre en cuatro formas únicas. Primera, nuestros cerebros ansían lo novedoso, y la Internet provee una interminable variedad de imágenes sexuales nuevas. Cuando yo era joven que miraba chicas en revistas, las imágenes perdían su atractivo en poco tiempo. Pero con el material pornográfico en línea tenemos instantáneamente a disposición nuevas imágenes con el clic de un ratón. Con cada nueva imagen nuestro sistema límbico libera una descarga de dopamina, la cual nos dice que *debemos tener eso.*

La relación entre la novedad y la excitación sexual está bien establecida por lo que los científicos llaman *efecto Coolidge.*[10] Después de colocar a un ratón en una jaula con una hembra receptiva, los investigadores observaron inicialmente intensa copulación entre ambos roedores. Finalmente, el ratón quedó agotado, aunque la hembra dispuesta quería más. Sin embargo, cuando la rata original fue reemplazada por una *nueva rata receptiva*, el ratón revivió al instante y comenzó a aparearse de nuevo. Este patrón se repitió una y otra vez hasta que el ratón macho quedó prácticamente extenuado. Con la introducción de una nueva compañera sexual, este proceso se repetirá una y otra vez hasta que el macho sucumba al agotamiento o la muerte.

En el mundo real, ni siquiera Hugh Hefner disfruta de un interminable suministro de mujeres a fin de revivir sus capacidades sexuales en algún momento dado. Pero en el mundo irreal de la pornografía en línea, «hembras» nuevas y cada vez más estimulantes proveen total novedad sin tener que alejarse de la computadora. Siempre que la novedad continúe, la excitación sigue... mientras la dopamina alimente el motor del deseo. Un hombre con quien hablé hace poco veía un promedio de seis horas diarias de pornografía. En su caso, cada clic de una nueva imagen liberaba más dopamina, la cual inflamaba su deseo. Ya puedes imaginar el ciclo vicioso que se ha puesto en marcha.

Una segunda razón de por qué la pornografía por Internet estimula en exceso al cerebro es que este no provee límites a la cantidad que podemos consumir. En adicciones a alimentos o drogas una persona dada o terminará de consumir la substancia o la comida, o será físicamente incapaz de tolerar más. Antes de alcanzar sus límites obvios un hombre puede comer solo tantas pizzas o aspirar solamente cierta cantidad de crac. Sin embargo, con pornografía por Internet la cantidad disponible es infinita. Y mientras un hombre tenga una conexión a Internet, puede continuar con la juerga. Por esto no es extraño que individuos adictos permanezcan viendo pornografía toda la noche, e incluso que pierdan la noción del tiempo.

La tercera razón de que la pornografía estimule excesivamente el cerebro tiene que ver con la tolerancia. Esta ocurre cuando una persona necesita más de la droga o actividad para obtener el mismo efecto. Con el tiempo, nos volvemos cada vez más tolerantes a ciertos estimulantes. En cuanto a drogas o alimentos, la tolerancia típicamente significa comer con mayor frecuencia o consumir cantidades mayores. Con la pornografía por Internet un hombre puede vencer el efecto de tolerancia de dos modos. Puede aumentar la cantidad pasando más tiempo viendo porno; o puede vencer su tolerancia acrecentando la intensidad de las imágenes que ve. Es por eso que los hombres suelen pasar de trajes de baño en *Sports Illustrated* a pornografía suave, a pornografía dura, a degradación, bestialidad, violación u otras escenas consideradas típicamente repulsivas o impactantes. Lo hacen no porque estén predispuestos a eso, sino porque las fuertes emociones de shock, disgusto o vergüenza proporcionan la codiciada explosión de dopamina. Gravitar hacia una conducta sexual aberrante se vuelve la única manera de obtener una solución.

Por último, la pornografía por Internet estimula excesivamente el cerebro porque esta se encuentra disponible en todo momento. Una vez más, a diferencia de sustancias que requieren que el usuario disponga de una dosis, un individuo carga siempre un alijo de material pornográfico en la mente sin siquiera prender la computadora. Cada vez que las imágenes le llegan a la mente, el sujeto experimenta una descarga de dopamina en sus vías neurales. Combinemos estos cuatro factores y tendremos una tormenta perfecta avecinándose en el mar de neuroquímicos cerebrales. Con el tiempo el cerebro cambia físicamente, y el individuo se vuelve adicto a su propia química cerebral.

LA ESTIMULACIÓN EXCESIVA HACE QUE TU CEREBRO CAMBIE

Muchos hombres relatan que después del uso continuo de material pornográfico se han sentido cada vez más frustrados. Aparte de la conciencia o convicción, ¿por qué esto es así? Toda adicción ocurre porque el cerebro se ha adaptado a la estimulación excesiva: demasiada dopamina. En consecuencia, ocurren tres cambios problemáticos en el cerebro. El primero de estos involucra nuestros anhelos, que aparecen cuando la dopamina (el neurotransmisor «quiero eso») es liberado. Cuando se libera más dopamina, el hombre experimenta ansiedad, la que por lo general lo incita a ver más pornografía. Ver más escenas pornográficas produce más liberación de dopamina. Más dopamina motiva ver más porno. ¿Captas la idea? Este es un ciclo potencialmente interminable. Pero la ansiedad solo es la tercera parte del problema.

En el centro del sistema límbico (el núcleo de nuestros impulsos y deseos) hay un circuito de gratificación que fluye hacia la corteza cerebral, la parte racional del cerebro. En condiciones ideales, este circuito funciona armónicamente. Cuando el sistema límbico te impulsa a comer otro pedazo de pastel de chocolate, la corteza cerebral te recuerda que no entrarás en tus pantalones de mezclilla, por tanto dices: «No, gracias». En el caso de un hombre cuyo cerebro aún no es adicto a la pornografía, su sistema límbico podría instarlo a buscar en Google las palabras «mujeres desnudas», pero su corteza cerebral le recuerda que tal vez a su esposa o a su novia no le agrade esta acción. Sin embargo, la pornografía altera el circuito de gratificación. En vez de completar el circuito en armonía, la porno desconecta el interruptor automático y se produce falta de armonía entre los dos sistemas.

¿A qué se asemeja esto? Cuando el sistema «ve tras ello» está sobrecargado con excesiva dopamina, el sistema «recapacita» responde advirtiendo: ¡Sobrecarga en el sistema!, y se cierra. Piénsalo de este modo. A través de la sinapsis (el micro espacio entre neuronas) las células de gratificación se comunican mediante señalización de dopamina. Recuerda que la dopamina es el mensaje, y que las células receptoras son las orejas.

Cuando se libera dopamina en grandes cantidades, o por largos períodos, ocurren dos situaciones al mismo tiempo. Primera: las neuronas recipientes se estimulan en exceso y empiezan a eliminar receptores. Es como cuando alguien se la pasa gritándote, y te cubres los oídos. Pero las células remitentes gritan aun más fuerte (más dopamina) hasta quedar roncas, y ahora solo pueden susurrar (la cantidad de dopamina enviada está por debajo de lo normal). Con las células recipientes medio sordas (menos receptores) y las células remitentes susurrando (menos dopamina liberada), te quedan dos opciones: sentirte horriblemente mal o hallar pornografía, que es lo que ahora libera dopamina más que cualquier otra cosa. Con la pornografía este es un proceso gradual, sin embargo constituye la base de la adicción. A la baja señalización de dopamina que conduce a una reacción anestesiada de placer se le llama *insensibilización*. Por eso precisamente es que los hombres se sienten tan indefensos, y tan desvalidos, cuando tratan de vencer sus adicciones sexuales.

C. S. Lewis escribió en 1942 *Cartas del diablo a su sobrino*, una historia acerca de un demonio superior llamado Escrutopo que instruye a un joven demonio llamado Orugario en las asechanzas del mal. «La fórmula es un ansia siempre creciente de un placer siempre decreciente —advierte Escrutopo—. Es más seguro, y es de mejor *estilo*. Conseguir el alma del hombre y no darle *nada* a cambio: eso es lo que realmente alegra el corazón de nuestro Padre [Satanás]».[11]

Aun en la vívida imaginación de Lewis, casi estoy seguro que no concibió máquinas de resonancia magnética ni escáneres PET, los cuales apoyan hoy día su idea teológica.

LA PORNOGRAFÍA TE REPROGRAMA EL CEREBRO...

Todo pensamiento, sentimiento, hábito, habilidad o comportamiento en tu vida tiene un sendero neuronal que se activa en tu cerebro. Estas sendas están diseñadas para funcionar de manera óptima. No obstante, cuando el circuito de gratificación cerebral se enreda en un estira y afloja, el cerebro se reprograma a causa de la adicción y se crean nuevas sendas neuronales. Cada vez que un hombre ve porno, o incluso cuando piensa en ella, la descarga de dopamina fortalece las conexiones entre células. Mientras más fuerte la conexión, más fácil se vuelve para las neuronas comunicarse en ese sendero. A esta idea de transformación en el cerebro se le llama *neuroplasticidad*. Sea que aprendamos a esquiar, a hablar un idioma extranjero, o que veamos pornografía, cuanto más usemos una senda neuronal, más cambia nuestro cerebro, haciendo más marcado el sendero.

Estas vías neuronales son como caminos a través de un campo con hierba hasta la cintura. Atravesarlo cuando la hierba es muy alta requiere gran esfuerzo. Pero se hace más fácil cada vez que recorres el camino. La hierba se desgasta y finalmente se convierte en un camino de tierra.

Cuando nuestros cerebros se reprograman, la pornografía actúa como un cortador de maleza a través de la hierba alta. Lo pornográfico se convierte en la senda de menor resistencia en el cerebro. Y mientras más fácil el camino, más probablemente lo tomaremos, aunque no queramos. A la creación de este sendero de menor resistencia se le llama *sensibilización*.

...¡PERO PUEDES REPROGRAMARLO!

Sin embargo, tenemos buenas noticias. Nuestros cerebros se pueden volver a programar de sus patrones adictivos. Así como puedes reiniciar tu computadora y restablecer la unidad de disco duro, también puedes reiniciar tu cerebro y restaurar la sensibilidad de tus circuitos cerebrales. En una computadora es tan sencillo como presionar el botón de encendido o hacer un clic en un menú desplegable para reiniciar. Pero reiniciar tu cerebro podría ser lo más difícil que hayas hecho alguna vez.

Jessie no creía poder vivir sin pornografía. Cuando lo conocí había estado viendo basura pornográfica todos los días por muchos años. La mayor parte del tiempo veía pornografía y luego se masturbaba en la cama. No podía dormir sin hacer eso. Hoy día Jessie vive libre de esa adicción y disfruta de una vida que nunca creyó posible. Para reiniciar como él lo hizo, necesitas un plan que te ayude a alcanzar tu destino. He aquí algunas instrucciones prácticas a medida que comienzas el viaje.

Define tu objetivo y prepárate

Conozco muchos hombres que oyen una charla acerca de integridad sexual o que asisten a un retiro para hombres y luego hacen un intento sincero, aunque emocional, de acabar con el ciclo de «jabonar, enjuagar y repetir». Esto es encomiable. Pero investigaciones recientes de comportamiento apoyan el lema de los Niños Exploradores: «Prepárate». Es más probable que tengas éxito en cambiar tus conductas adictivas o compulsivas cuando tomas suficiente tiempo con el propósito de definir y preparar un objetivo claro para los cambios que estarás haciendo. Quienes identifican el problema y actúan de forma impulsiva, sin planificar el futuro, son mucho más propensos a experimentar una recaída.

¿Cómo te preparas? Primero, *define tu objetivo.* Reiniciar tu cerebro no constituye una meta final digna ni te brindará libertad duradera o transformación a largo plazo. El propósito de esta fase es crear una «pausa», de modo que tu cerebro pueda comenzar a recuperar el equilibrio. Solo cuando esto sucede puede llevarse a cabo cualquier cambio a largo plazo. No puedes reparar el motor de un auto a menos que la máquina esté apagada. El reinicio es como apagar el motor para que el verdadero trabajo pueda comenzar. Un hombre con quien hablé hace poco, y que se hallaba en la mitad del proceso de reprogramación, definió su objetivo como «convertirme en un esposo y padre esforzado, honorable y participativo, a medida que busco una vida de integridad». Su objetivo fue más allá de la etapa de reinicio hacia la clase de persona que él deseaba llegar a ser.

Segundo: prepárate, y luego empieza tus *primeros noventa días de abstinencia.* La pornografía te ha aislado de la vida. Al reiniciar, podrían salir a la superficie muchas de las sensaciones que has evitado con el uso de porno. Una antigua calcomanía de parachoques de la década de los setenta rezaba: «La realidad es para quienes no pueden manejar el problema de las drogas». Cuando comienzas a vivir en una realidad sin porno, puedes experimentar una amplia variedad de sentimientos, pensamientos y remordimientos.

Durante las primeras dos semanas de abstinencia podrías padecer intensos síntomas de abstinencia que pueden ir y venir. Estos podrían incluir fatiga, depresión, dificultad para concentrarse, tensión, nerviosismo, insomnio, dolores de cabeza, aumento (o disminución) de la excitación sexual, mayor apetito por la comida, taquicardia, dificultad para respirar, y escozor en la piel. En casos más extremos los síntomas de abstinencia pueden incluir convulsiones, náuseas y pánico o ansiedad. Prepararte para esto te da fuerza, recordándote que esta etapa no durará. En la mayoría de las situaciones los síntomas duran aproximadamente dos semanas. Por supuesto, consultar a un médico te ayudará a aclarar inquietudes.

Tercero: prepárate para la *ansiedad.* La presencia de ansiedad no significa que seas, como expresara Manny, «un absoluto perdedor». Recuerda que la ansiedad resulta de estimular en exceso tu cerebro. Puedes resistir la ansiedad en una cantidad de formas que describiré en el capítulo 12.

Cuarto: prepárate para *recaer*: un regreso a lo pornográfico y la masturbación. Una recaída no tiene que verse como un fracaso; puede ser una importante oportunidad para aprender. Aferrarte a la idea de que no recaerás, o de que no puedes recaer, no solo es poco realista sino contraproducente. Si caes, levántate. Algunas personas oyen el drama de mi historia y suponen que experimenté progreso inmediato. Pero mi viaje desde identificar mi adicción hasta la libertad tardó cuatro años.

No camines solo

Tú no puedes lograrlo solo. Pide a un amigo que se reúna contigo de modo regular para orar y animarte. Es ideal que te beneficies participando en un grupo o taller diseñado para ayudar a individuos con conducta adictiva y compulsiva. Esta persona, grupo o programa debe constituir una fuente de rendición de cuentas, la cual explico en el capítulo 14.

Establece una fecha de inicio

Determina el día en que te comprometerás a la sobriedad sexual. Una vez que empieces, mantén un calendario para seguir el rastro a los días, las semanas, y los meses. Inicialmente esto puede servir como un gran motivador para controlar y celebrar tu progreso. Si recaes, no es el final. De manera continua y simultánea estás reprogramando en tu cerebro las sendas de la pornografía y de la fuerza de voluntad. Es como dos sendas de hierba. Cada vez que decidas no ceder a tu ansiedad crece un poco de hierba en los senderos de porno, y pisoteas la hierba en el camino de la fuerza de voluntad en tu corteza frontal. Una se debilita mientras la otra se fortalece.

La cantidad de tiempo necesario para reprogramar el cerebro varía de una persona a otra, pero puedes comenzar experimentando cambios tan pronto como en noventa días o durante el proceso de reinicio. Finalmente, reprogramar es un proceso de largo plazo determinado por muchos factores, incluyendo abstinencia, creencias básicas, cuidado personal y nivel de adicción.

Tira del gatillo

Aprende a vivir sin inmundicia absteniéndote de la pornografía y la masturbación. Sé que ya lo has intentado antes, y que no ha funcionado. Bueno, no te preocupes. Esta vez estarás armado con el conocimiento de que a corto plazo estarás buscando el cambio en tu cerebro, y no solo flexionando tus músculos volitivos.

Esfuérzate por conservar tu abstinencia

Los adictos y alcohólicos tienen un dicho: «Mi problema no es parar sino permanecer de pie». Reiniciar tu cerebro no es el punto final; es el punto de lanzamiento. Una vez que ya no te sientas obligado a ver pornografía podrás seguir la senda de Dios para tu vida. Esto lo analizo en el capítulo 12 cuando discuto el ciclo de cuidado del alma.

CÓMO REPROGRAMAR TU CEREBRO

Uno de los descubrimientos más profundos en entender el cerebro involucra la idea de *neuroplasticidad*: nuestro cerebro cambia como resultado de la experiencia. Lo pornográfico cambia el cerebro en un modo no deseado. El hombre que no ve pornografía, o que aún no es adicto, todavía debe desarrollar senderos sensibilizados «sin maleza». Pero las sendas neuronales pornográficas de un individuo cuyo cerebro es adicto se encuentran libres de maleza y totalmente pisoteadas, de modo que se han convertido en el camino de menor resistencia. Sin embargo, tu cerebro puede ser cambiado en una dirección positiva y saludable. Reprogramar tu cerebro permite olvidar los patrones adictivos y volver a aprender a controlar impulsos. Esto ocurre a medida que los senderos adictivos «tienes que tenerlo» se debilitan y las sendas «piénsalo» se fortalecen. He aquí cómo puedes comenzar a reprogramar tu cerebro.

Practica pensamiento intencional

Lo que piensas es definitivamente aquello en lo que te conviertes. Lo que una vez llamamos «el poder del pensamiento positivo» está cada vez más respaldado por la evidencia científica. Mientras más atención preste tu cerebro a una información dada, más fuerte y elaboradamente el cerebro la programará y la retendrá.[12] Cuando damos nuestra atención y enfoque a cosas buenas, como a la paz, el gozo y el dominio propio, nuestros cerebros se reprograman en tal forma que nos permite experimentar esas cosas buenas. ¿Tendría sentido entonces ser intencionales respecto a aquello a lo que no prestamos atención?

Con esto en mente, piensa en las palabras del apóstol Pablo: «Por lo demás, hermanos, todo lo que es verdadero, todo lo honesto, todo lo justo, todo lo puro, todo lo amable, todo lo que es de buen nombre; si hay virtud alguna, si algo digno de alabanza, en esto pensad» (Filipenses 4.8).

Cuando la Biblia nos exhorta a poner la mira en cosas buenas, se trata de algo más que del bienestar de nuestras almas. Esto también afecta el bienestar de nuestros cerebros. Nuestros circuitos neurales se forman alrededor de cualquier cosa a la que prestemos atención y en lo que nos enfoquemos. Por eso Pablo conectó nuestra transformación con la renovación de nuestras mentes: «No se amolden al mundo actual, sino sean transformados mediante la renovación de su mente» (Romanos 12.2 NVI).

En el próximo capítulo analizo cómo puedes practicar centrarte en lo puro, amable y admirable en una forma que reprograme tu cerebro a la configuración original que solía tener antes de la pornografía... pero muchísimo mejor.

Sigue pasiones alternas

El famoso filósofo, novelista y poeta Johann Wolfgang von Goethe tenía razón. Estamos conformados y modelados por lo que amamos. Sin duda esto se aplica a nuestros cerebros. El enfoque de la vida de un hombre que lucha con pornografía lo lleva a una visión de túnel. Cuando un individuo ve con regularidad escenas pornográficas, sus pasiones quedan cautivas y el sujeto pierde la capacidad de dirigir su vida del modo en que elegiría hacerlo si fuera libre de la adicción.

Muchos hombres se dan cuenta de la importancia de seguir sus pasiones. ¿Qué es lo que da vida a tu alma? ¿Qué relaciones se han visto afectadas por tu uso de pornografía? ¿Qué actividades agradables se han detenido? De todas las posibles pasiones alternas, el ejercicio es la más importante. Estudios demuestran que el ejercicio aumenta los receptores de dopamina, y que por lo tanto ayuda a reprogramar el cerebro.[13] Otro estudio mostró que la conducta principal asociada con la triunfal recuperación del abuso de drogas fue el ejercicio.[14] Si no has estado físicamente activo en el pasado con alguna forma de ejercicio, es importante que empieces. No supongas que debes unirte a un club de salud o inscribirte para el triatlón Ironman. Tú puedes correr, caminar o andar en bicicleta. Puedes subir las escaleras en lugar de usar el ascensor.

Reciente atención se ha dado a niños y adultos que padecen de *trastorno por déficit de naturaleza*, como resultado de pasar demasiado tiempo en línea o involucrados en medios de comunicación electrónica. Evita este desorden mediante la interacción con el aire libre, recibiendo sol y aire fresco, y estando en contacto con la belleza natural de la creación de Dios. ¡Sal y muévete! Seguir pasiones alternas hace que tus horizontes se expandan, y al mismo tiempo reprograma tu cerebro.

Emplea el poder de la repetición

Estudios demuestran que comportamientos repetidos causan con el tiempo cambios estructurales en el cerebro. Estos cambios pueden ser negativos, ocasionando compulsión y adicción. O pueden ser positivos, reprogramando el cerebro de modo que el estímulo de la pornografía y la lujuria ya no se produzca por una reacción refleja. La repetición ayuda a cerrar comportamientos en el cerebro en la misma forma que un atleta desarrolla memoria muscular. O considera a un concertista de piano. Cuando toca no piensa: *ahora extenderé la mano izquierda exactamente once centímetros a la derecha mientras al mismo tiempo muevo la mano derecha cinco centímetros hacia la izquierda*. Al contrario, el cerebro del pianista ha aprendido a evitar el paso cognitivo consciente y a seguir una respuesta aprendida.

Así que anímate. Tu lucha con lo pornográfico es una respuesta aprendida, en muchas maneras, exactamente como las habilidades de un pianista o un atleta. Tu cerebro puede desaprender, y *puede* cambiar.[15]

11

Menos es más

En descanso y en reposo seréis salvos; en quietud y en
confianza será vuestra fortaleza. Y no quisisteis.

—EL SEÑOR SOBERANO[1]

Se trataba de la clase de mañana que encendería la mecha de mi
lujuria y ansiedad. Me quedé dormido y salí corriendo retrasado
para un desayuno de trabajo. Mis buenas intenciones eran desper-
tarme temprano en la mañana sin ninguna prisa, disfrutar una taza
de café, y comenzar mi día rebosante de felicidad. Pero al hacér-
seme tarde tomé una ducha a toda prisa, me vestí y me dirigí a
la puerta. No estaba consciente de los doce centímetros de nieve
que habían caído durante la noche. Debido a que no había tenido
tiempo de limpiar el garaje, mi auto se quedó toda la noche afuera
en el camino de entrada, con el parabrisas cubierto por una capa de
hielo. Estresado, empecé a recriminarme por no haber limpiado el
garaje. Así que alargué la mano para alcanzar el raspador de hielo
en la parte trasera del auto. No estaba allí.

Como ya era tarde, abrí la billetera y saqué mi licencia de conducir. Es un hecho poco conocido que esta útil pieza de plástico
emitida por el gobierno, de solo cinco centímetros por nueve, funciona como un raspador de hielo. A los diez minutos tenía las manos
congeladas, pero el parabrisas estaba impecable. Ahora con la ventana limpia entré al auto y encendí inconscientemente la radio.
Quería algo que rompiera el ensordecedor silencio. Pulsé de ida y
vuelta los botones pre programados, esperando oír algo que respirara

vida a mi empobrecida alma. *Rock de primer orden...* no, eso no. *Rock clásico... tampoco. Estaciones antiguas...* no. *¿Qué tal algo positivo y animador? No, ya que no me sentía muy positivo o animado. ¿Noticias o entrevistas radiales?* Nada parecía dar en el clavo en mi frenética búsqueda para calmar el estrés y llenar el vacío. Cuando llegué a mi reunión con veinte minutos de retraso ya estaba muy consciente de cuándo y cómo actuaría otra vez sexualmente.

NOS ATERRA ENFRENTARNOS A NOSOTROS MISMOS

Blaise Pascal escribió una vez que todos los problemas humanos se pueden destilar a la sola idea de que no podemos pasar una hora a solas con nosotros mismos en una alcoba. Esto explica por qué lo primero que hago después de girar la llave para prender el auto es agarrar mi iPhone o encender la radio. Otros hombres que conozco repiten la misma historia.

Enfrentarnos a solas con nosotros mismos puede generar reacciones que van desde leves distracciones hasta pánico total. Un verso de la canción Counting Crows, «Perfect Blue Buildings», refleja nuestra aversión a estar solos: «Tengo que olvidar un poco, nena. ¿Cómo voy a mantenerme lejos de mí?».[2] Cuando estamos solos hallamos todo lo que hemos tratado de olvidar con firmeza. Enfrentamos el ruido emocional, relacional y espiritual que tanto el bien falsificado como la verdad falsificada han mantenido a raya.

Parece extraño afirmar que somos reacios a estar a solas con nosotros mismos, mucho menos con Dios. Pero como nos dijera Kierkegaard, nos hemos llegado a tranquilizar con lo trivial. Cuando el tranquilizante desaparece y los analgésicos de los ajetreos y la distracción yacen más allá de nuestro alcance, no nos queda más opción que enfrentar nuestros mundos interiores. En el siglo veintiuno no existe tarea más difícil, ni disciplina espiritual más dolorosa, que aprender a estar en silencio. Pero no hay nada más satisfactorio.

Seamos francos. Si vas a abordar seriamente tu problema con la pornografía y la lujuria tendrás que hacer frente a la inquietud y la confusión en tu alma. Los sentimientos y las experiencias dentro de ti son manifestaciones de tu quebrantamiento. Donde hay caos, ansiedad, tensión, soledad, desilusión, tristeza, vergüenza, impulsividad, alejamiento, o lo que sea, el quebrantamiento te está llamando. Te está invitando a ponerle atención. Y solo después de que lo hayas hecho, te incita a que entregues ese quebrantamiento a Dios.

ENFRENTA EL VACÍO EN TU ALMA

Cuando yo era soltero y mi adicción era más que descontrolada, trabajaba en el turno de un hospital desde las 3:00 hasta las 11:00. Casi nunca iba a dormir antes de las 2:00 a.m. Cuando despertaba al día siguiente, entre las 9:00 y las 10:00 a.m., mi compañero de cuarto y otros amigos ya estaban en sus trabajos diarios. La soledad y el vacío que yo sentía durante esa época eran como un enorme agujero en el centro de mi ser.

Pero siempre el engañador, yo tenía una solución para el problema. Cada mañana, aunque no me podía dar el lujo, iba a desayunar en un restaurante local donde me conocían. Todas las mañanas el propietario y su siempre maternal mesera, Stella, me daban la bienvenida. Ella siempre me recibía con una sonrisa y me ponía la mano en el hombro mientras vertía café en mi taza. Aún recuerdo la calidez de su toque. Aunque solo tardaba un momento cada mañana, ese contacto aliviaba por un instante el vacío en mi alma.

En una reciente charla con mi director espiritual pregunté por qué, aun ahora, la soledad puede ser tan difícil para mí. «Estar a solas contigo mismo cuando estás vacío casi siempre es algo aterrador —contestó—. Pero cuando estás lleno, casi siempre es una alegría... como estar con un buen amigo». Nunca lo había pensado de ese modo. No me asustaba estar solo sino estar vacío. Y las muchas grietas en la copa de mi alma explicaban por qué mi copa seguía estando vacía. El vacío interior que me llevaba a comer en restaurantes que yo no podía pagar fue el mismo vacío que me llevó a pornografía y prostitutas.

Tratar con nuestro vacío es una de las etapas más difíciles en nuestro viaje de la adicción a la libertad. Como explicara Henri

Nouwen, nuestra única opción es hacer frente a esa sensación: «A fin de llevar una vida espiritual primero debemos llenarnos de valor para entrar al desierto de nuestra soledad y cambiarlo por medio de suaves y persistentes esfuerzos en un jardín de aislamiento. Sin embargo, pasar de soledad a aislamiento es el inicio de una vida espiritual, porque es pasar de inquietas sensaciones a un espíritu sosegado, de la ansiedad por buscar lo externo al intento de alcanzar lo espiritual, de estar sujetos al temor a participar con audacia en el juego».[3]

Todo hombre que ha luchado con la lujuria y lo pornográfico se puede relacionar con las «sensaciones inquietas», «la ansiedad por alcanzar lo externo», y la «sujeción al temor» de Nouwen. No obstante, el espíritu sosegado del cual escribe este autor no es el «castillo en el aire» ideal y espiritual reservado para monjes y unos pocos escogidos con demasiado tiempo a su haber. No solo se trata de un alma apacible al alcance, sino de un componente crucial del «encuentro vivo con Dios» descrito por Tim Keller.[4] Sin embargo, ¿cómo comenzaremos a pasar del vacío de la soledad hacia la plenitud de estar a solas?

TRANSFORMA EL VACÍO EN TU ALMA

Durante muchos años después de estar libre de la adicción, me avergonzaban las palabras «disciplinas espirituales». La misma idea de disciplinas espirituales me evocaba imágenes de cómo yo manejaba el pecado y de cuando intentaba reparar mi depravación moral. Por mucho tiempo creí que si simplemente podía ser disciplinado sin espiritualidad, entonces podría asirme de Dios de tal manera que juntos cerraríamos el grifo del pecado.

Hoy día siento gozo cuando oigo hablar de «disciplinas espirituales». He descubierto que no se trata de que seamos más espirituales, o de entender a Dios para obtener algo de él. En lugar de eso me gusta pensar en las disciplinas espirituales como en una forma de dejar que Dios me tome. Estas disciplinas me ayudan a crear espacio en mi vida a fin de estar atento a mi ser interior, y así poder oír la voz del Señor.

Para los hombres que lidian con la porno, las prácticas espirituales más importantes son el aislamiento y el silencio. Por medio del aislamiento aprendemos la práctica de estar a solas de modo intencional. A través del silencio aprendemos la práctica de estar tranquilos. El aislamiento y el silencio forman juntos un cimiento que nos permite escuchar tanto a nuestras vidas como a la voz de Dios.

El aislamiento y el silencio son cruciales en nuestro mundo súper conectado. Con el bombardeo constante de información y comunicación, es prácticamente imposible acallar el ruido y el activismo sin ser intencionales. Hace poco me di cuenta que al mantener mi iPhone en la mesita de noche yo revisaba mi correo electrónico aun antes de levantarme. Descubrir que algo tan insignificante me había atrapado el alma me humilló de veras.

No te dejes engañar. Al apagar nuestros aparatos electrónicos y alejarnos de las distracciones no entramos de modo automático a algún mundo espiritualmente idílico de paz, gozo y júbilo. Me gustaría que fuera así de fácil. Muy a menudo, cuando nos desconectamos, nuestra distracción interna nos enfrenta, haciendo que nos preguntemos si padecemos algún déficit de atención espiritual. Nouwen captó esto cuando escribió:

> Entrar por lo tanto a un cuarto privado y cerrar la puerta no significa que al instante dejemos afuera todas nuestras dudas internas, ansiedades, temores, malos recuerdos, conflictos sin resolver, sensaciones de enojo, y deseos impulsivos. Al contrario, cuando hemos suprimido nuestras distracciones externas descubrimos a menudo que nuestras distracciones internas se nos manifiestan con toda la fuerza. Con frecuencia usamos las distracciones externas para escudarnos de los ruidos internos. Esto hace un tanto más importante la disciplina de aislamiento.[5]

Aislamiento y silencio no son solo prácticas para optimizar nuestras vidas en un mundo de ritmo veloz. Y aunque estas prácticas nos pueden traer sanidad, son mucho más que técnicas terapéuticas de moda. Nuestras almas requieren aislamiento y silencio para desarrollarse bien. Jesús, quien vivió en una cultura de baja tecnología, solía practicar aislamiento y silencio. ¿Quién mejor para enseñarnos que el Maestro?

Antes de comenzar su ministerio, Jesús pasó cuarenta días aislado en el desierto (Mateo 4.1–2). A menudo, antes de ministrar y predicar se levantaba temprano en la mañana y se retiraba a orar a un lugar solitario (Marcos 1.35–39). Cuando Jesús oyó que Juan el Bautista fue decapitado se retiró en una barca a un lugar solitario (Mateo 14.13). Antes de elegir a los discípulos, el Maestro pasó la noche a solas en una ladera y oró (Lucas 6.12–16). Y en la víspera de su ejecución pasó tiempo a solas en el huerto de Getsemaní, donde reflexionó en el final de su vida (Mateo 26.36). Al leer estos ejemplos de Jesús, podrías pensar: *por supuesto que él oró en soledad, pues era Dios*. Pero no podemos negar la realidad de que en medio de emociones dolorosas, decisiones importantes, y circunstancias impensables, hasta Jesús necesitó hacer espacio para su alma, permitiendo que el Padre lo asiera.

En términos prácticos, ¿de qué modo vas a practicar aislamiento y silencio? Si eres del tipo de personas que necesitan una lista de pasos a seguir, podrías frustrarte. Los principales ingredientes del aislamiento y el silencio cristiano son estos: no hacer nada en la presencia de Dios. La primera vez que pasé un día solo en silencio en un centro de retiros me armé con mi laptop, libros y un calendario de planificación. No comprendí que lo importante de esta disciplina era precisamente no hacer nada en absoluto. La idea de lo que George MacDonald denominó «ocio sagrado» era extraña para mí.

«Retiro y silencio» significa estar callados y escuchar. Muchas voces compiten por tu atención. Antes de poder escuchar la voz de Dios quizás debas oír la voz de tu alma. Pregúntate: *¿qué son esas voces, y de dónde vienen?* Imagina tus sentimientos y experiencias internas hablándote como personajes de las tiras cómicas dominicales por medio de una burbuja. ¿Qué palabras pondrías en la burbuja? Ponle voz a la turbulencia y la agitación. ¿Qué podría estar diciéndote tu alma si la escuchas?

Te puedo decir por experiencia que a menos que programes un tiempo a solas, lo más probable es que este no se dé. Abre ahora mismo tu calendario y bloquea el espacio, idealmente veinte minutos diarios. No dudamos en programar tiempo para trabajar, pasar con amigos, o dedicarnos a pasatiempos. Saca momentos regulares para estar a solas con Dios.

DESCUBRE TU SANTUARIO INTERIOR

A medida que persistas en la costumbre de aislamiento y silencio descubrirás un santuario interior. Si eres seguidor de Cristo eres morada de Dios el Padre, Dios el Hijo, y Dios el Espíritu Santo.

- «Sois el templo del Dios viviente» (2 Corintios 6.16).
- «A quienes Dios quiso dar a conocer las riquezas de la gloria de este misterio ... que es Cristo en vosotros, la esperanza de gloria» (Colosenses 1.27).
- «En quien vosotros también sois juntamente edificados para morada de Dios en el Espíritu» (Efesios 2.22).

Dios habita en el centro de tu ser. Eres su templo, y a través de Cristo moran dentro de ti el Padre, el Hijo y el Espíritu Santo.

En el capítulo 1 describí una hermosa y vistosa basílica decorada con majestuosos contrafuertes y vitrales. La catedral de la Inmaculada Concepción es un espacio *físico*, pero el santuario dentro de ti es un lugar *espiritual* más glorioso que algo construido por manos humanas. En la verdadera morada del Señor, las puertas nunca están atornilladas y las luces siempre están encendidas para ti. Solo podemos ver ese lugar con los ojos de nuestros corazones (Efesios 1.18) y con la actitud de un niño (Mateo 18.1–2).

En la introducción a la obra clásica de Teresa de Ávila, *Castillo interior*, un autor describe con hermosura este sitio: «Nadie más tiene acceso controlado a este lugar perfecto. Concédete tu propio permiso incondicional para ir allí. Absuélvete por errar el blanco una y otra vez. Cree la maravillosa verdad de que el Amado ha elegido para su morada el centro de tu propio ser porque ese es el más hermoso y exclusivo sitio en toda la creación. No pierdas tiempo. Ingresa al centro de tu alma».[6]

El cristianismo moderno tiene todo pero ha perdido la comprensión del santuario interior. Dios nunca quiso que nuestra fe fuera una simple búsqueda intelectual; su deseo fue restaurar la habilidad de la humanidad de caminar con él. El Señor nos invita a caminar con él desde un lugar interior. Cuando estamos desconectados de ese lugar, de este centro, gravitamos hacia algo cercano que nos dé una falsa sensación de estar centrados.

El hermano Lawrence fue un monje del siglo quince, mejor conocido por sus escritos que conocemos como *La práctica de la presencia de Dios*.[7] Él enseñó a desarrollar conciencia y atención hacia la presencia del Señor, e invita pacíficamente a nuestras mentes a volver a Dios cada vez que algo nos distrae. Para hombres que vivimos en el siglo veintiuno, nuestra configuración de origen está fijada en la «práctica de la presencia» de cualquier cosa que llegue a través de nuestra pantalla de radar. Ahora debemos aprender a practicar la presencia *de él*.

Recuerdo la conversación con un hombre a quien llamaré Mark, respecto a enfrentar el vacío. Con gran frustración me relató su dificultad en poder sentarse tranquilo, permanecer atento, o simplemente estar dispuesto y presente cuando intentaba pasar tiempo con Dios. Le aseguré que sus frustraciones eran una lucha común. Luego le hice lo que pareció una pregunta totalmente inapropiada.

—¿Qué sucedería si durante tu tiempo con Dios imaginaras la mujer más ardiente y atractiva sexualmente, y te enfocaras en ella por veinte minutos? ¿Cambiaría eso algo?

—Bueno... *sí*, pero eso sería pecado —contestó Mark sonriendo con picardía..

De ningún modo yo lo estaba animando a pecar, ni siquiera a que intentara hacer lo que le estaba pidiendo. Pero mi pregunta hipotética permitió que nuestra charla diera un giro importante. Lo que terminamos discutiendo fue que él *sí podía* estar tranquilo, atento, involucrado y presente. El único requisito era que debía estar viendo pornografía.

Esto no causó pequeña impresión. Sin conciencia alguna de que su cerebro se había reprogramado por la pornografía, o de que era adicto a la propia química de su cerebro, Mark había concluido erróneamente que no podía involucrarse o estar atento porque de algún modo era deficiente y poco espiritual. ¿Percibes la mentira que yace incluso aquí? La mentira viene de creer que él no amaba a Dios y que no debía preocuparse muy profundamente en cuanto al reino. Tan pronto como Mark entendió la manera básica en que su cerebro funcionaba, pudo separar su reprogramación cerebral de la novedad de lo pornográfico desde su verdadero corazón.

Sentarse en la presencia del Amor divino es la experiencia más transformadora que una persona puede tener. Pero demasiados hombres que conozco tienen poca habilidad o capacidad para hacer esto. Sí, fuimos creados para la aventura, y florecemos cuando estamos físicamente activos. Pero creo que es algo más que eso. Si alguna vez hemos de aprender a deleitarnos libremente en Dios, primero debemos aprender a estar seducidos. Esto quizás no te parezca muy «masculino», pero ¿no es este el punto de toda la pornografía? No se trata solo de senos y partes corporales; es la mujer en la imagen que te ofrece su identidad total porque ella te *desea*. La ilusión, al menos inicialmente es que *ella* se deleita en *ti*. El hombre quiere tocar y ser tocado, ver y ser visto. Una de las razones principales por las que nos resulta tan fácil sentarnos prestando gran atención, y transfigurados por el amor falso de la pornografía, es que esta nos «seduce».

«Nosotros le amamos a él, porque él nos amó primero» (1 Juan 4.19). Ahora mismo, en el centro de tu ser, ¿crees, sientes y sabes realmente que tu Padre celestial se deleita en ti? Si no es así, imagina lo que podría ser sentarse en su presencia, con el único objetivo de deleitarte en él.

DESCUBRE LA ORACIÓN QUE CENTRA TU ALMA

Hace diez años decidí que ya no quería vivir de la espiritualidad de otra gente. Ya no quería conformarme con oír acerca de los encuentros que otras personas tenían con Dios, ni solamente enseñar a otros lo que yo podía deducir de los libros que estaba leyendo. Quería experimentar a Dios como hizo David. Quería morar en el santuario del Señor y «contemplar la hermosura del SEÑOR y recrearme en su templo» (Salmos 27.4 NVI). Pero sinceramente no tenía idea de cómo hacer esto sin realizar la rutina conocida de esforzarme más. Casi en esa época un respetado colega me introdujo en la oración contemplativa, y a través de ella descubrí que con Dios, menos es más.

Durante siglos los cristianos han practicado una forma de oración que no emite palabras y que se centra en la atención a la presencia de Dios en el interior. En tiempos modernos las personas han identificado esta clase de oración con varios nombres: *oración centrada, oración contemplativa* u *oración meditativa*. Pero todas estas prácticas son básicamente lo mismo. La oración centrada permite una intimidad que es más profunda de lo que las palabras puedan expresar. Al practicar esta oración de estar quietos y escuchar, el evangelio cobrará vida para ti de modo experimental. Por el resto del capítulo me enfocaré en la oración centrada, ya que así es como he desarrollado mi vida de oración en los últimos años.

La oración centrada nos ayuda a encontrar nuestra presencia espiritual y emocional, nuestro caminar con Dios se vuelve cada vez menos dependiente de lo que creemos intelectualmente, y más dependiente de lo que hemos probado, visto y oído. Experimentamos el deleite del Señor en nosotros. Su fragancia se hace real. A medida que nos aclimatamos más a la oración contemplativa descubrimos que la fe, la esperanza y el amor comienzan a reemplazar nuestro egocentrismo, incredulidad e idolatría. No se me ocurre ninguna otra práctica pre-moderna tan relevante para la lucha posmoderna con la pornografía.

Las personas sumidas en vida contemplativa sugieren que se debe pasar no menos de veinte minutos al día en oración centrada. Muchos de mis amigos participan en esta clase de oración por veinte minutos en la mañana y veinte en la tarde. Desde una perspectiva pragmática, sus reportes han sido asombrosos. Describen un incremento en su concentración, capacidad de atención, regulación del estado de ánimo, y dominio propio. Se sienten mucho más conectados con sus corazones y están viviendo más profundamente desde el centro de su ser, donde habita Jesús.

Un recurso excelente para empezar la práctica de oración contemplativa es el libro de J. David Muyskens, *Forty Days to a Closer Walk with God*.[8] Este no solo incluye pautas y bases para aprender oración centrada, sino que también está dividido en cuarenta escritos breves que te guiarán de día en día. Para el hombre que está reiniciándose y reprogramándose desde la compulsión sexual hacia la sobriedad sexual, este escrito le proporciona una sencilla estructura para dirigir su enfoque y atención lejos de la pornografía.

Muyskens enumera en su libro cuatro pautas sencillas para la oración centrada.

1. *Escoge una palabra sagrada como símbolo de tu deseo de estar presente ante Dios.*

   ¿Qué llega a tu mente cuando piensas en Dios? ¿Cómo lo llamas cuando le oras? ¿Señor? ¿Salvador? ¿Padre? Cuando pienso en Dios, la primera palabra que me llega a la mente es *Abba*... arameo para «Padre» (Marcos 14.36). La palabra que te llega más fácilmente a la mente cuando piensas en Dios es el mejor lugar para empezar.

2. *Siéntate cómodamente en un lugar tranquilo.*

   Asegúrate de estar sentado en un lugar cómodo dentro de un ambiente libre de distracciones internas y externas. El ruido alrededor y dentro de ti parecerá ampliarse cuando empieces a tranquilizarte. Lo importante de la oración centrada no es ahuyentar distracciones ni vaciar tu mente hasta dejarla en blanco. No consigues más puntos por estar menos distraído. El objetivo en la oración centrada es estar presente para ti mismo y para Dios.

3. *Si te interrumpen ideas, sonidos u otras distracciones, admítelas y poco a poco vuelve tu atención a Dios a través de la palabra sagrada.*

   Si un pensamiento o distracción casual interfieren, descártalos. Tan pronto como estés consciente de la distracción, simplemente vuelve a tu palabra sagrada que a su vez te volverá a reenfocar la conciencia en la presencia divina.

4. *Al final del período de oración quédate en silencio por varios minutos con los ojos cerrados.*

Al concluir mantén los ojos cerrados para que no te devuelvas de inmediato a tu entorno. Lo ideal es que después de la oración centrada quieras permanecer en ese espacio centrado por un rato.

¿PUEDE LA ANTIGUA ORACIÓN REPROGRAMAR TU CEREBRO?

Bueno, Michael. Todo esto parece esperanzador. Sin embargo, en mi lucha con la pornografía, ¿será en realidad determinante la soledad y el silencio, la oración centrada, y la atención hacia el interior? Esa es una pregunta muy importante. El veredicto científico existe y la respuesta es un sí *certificado.*

Aunque no hay estudios científicos que traten explícitamente con la oración centrada, importante evidencia relaciona la práctica de la meditación de conciencia plena[9] con la recuperación de adicciones, conductas compulsivas, y otros desórdenes psicológicos.[10] En un estudio de mayor autoridad, Alan Marlatt, del centro de investigación de la conducta adictiva en la Universidad de Washington, descubrió evidencia de que las intervenciones basadas en la meditación espiritual estaban fuertemente asociadas con la reducción en el uso de alcohol y drogas.[11]

Si recuerdas del capítulo 10, dos factores necesarios para encontrar una nueva programación neurológica son atención y enfoque. Numerosos estudios científicos han demostrado que nuestros cerebros están programados de acuerdo a lo que prestamos atención y según aquello en lo que nos enfocamos... lo que arde junto, se programa junto.[12] La oración centrada involucra dar al mismo tiempo enfoque intencional y atención sostenida a nuestro mundo interior y a nuestro Dios trino.

Pero hay más. La oración centrada, igual que la práctica secular de meditación plena, enseña que los pensamientos, los sentimientos, y las sensaciones se deben aceptar y reconocer sin emitir ningún juicio. Esto es importante por dos razones. Primera, lidiar con ansiedad e impulsos por lo general resulta en más ansiedad. Es el clásico «no pienses en un elefante rosado». Segunda, reconocer nuestros pensamientos y sentimientos mientras nos mantenemos enfocados en Dios y permanecemos atentos a su presencia, nos permite obtener consciencia de nuestros impulsos, anhelos y detonantes.

En el próximo capítulo veremos más de cerca cómo puedes aplicar oración centrada al cuidado cotidiano de tu alma.

La carretera del cuidado del alma

La vida está moldeada por el objetivo para el cual vives. Estás
hecho a imagen de lo que deseas.

—THOMAS MERTON

La crepería estaba a punto de cerrar cuando empezó la verdadera
conversación. En el momento en que mi amigo Connor manifestó:
«Nos hemos conocido durante casi quince años, y hay algo que debo
decirte», supe que se habían acabado los temas triviales. Temprano
ese día él había llamado pidiéndome que nos reuniéramos para
tomar una taza de café después de que los niños estuvieran acos-
tados. Mi presentimiento era correcto. El hombre no quería hablar
de fútbol.

Nuestra amistad nunca se había aventurado por debajo de cues-
tiones superficiales, por lo tanto esta fue la primera vez que Connor
habló de lo que realmente estaba pasando dentro de su alma. Al
conocer mi historia, decidió valientemente arriesgarse a dejarme ver
debajo de su máscara de alguien controlado mientras vertía el corazón. Nada me sorprendía mientras mi amigo describía su vida de
batalla con la lujuria, la masturbación y la pornografía. Nunca olvidaré la mirada inexpresiva que lo cubría de pies a cabeza. Connor se
había hartado del doble juego y de mentirse. Estaba cansado de ser
dos hombres distintos.

«Estoy listo para tratar con esto —expresó—. Quiero ser
íntegro».

LA CARRETERA DEL CUIDADO DEL ALMA ES TU SENDA HACIA LA LIBERTAD

Caminar con Connor y ver su transformación ha sido una de mis mayores alegrías. Como si un regulador de intensidad en las profundidades de su ser hubiera pasado de su posición de total oscuridad a «luces plenas», la luminiscencia en el alma de mi amigo pasó de titileo a poseer brillo intenso. Ya hemos caminado juntos por varios años como dos hombres destrozados que descubren lo que significa seguir a Jesús en un sendero en que restaura nuestros corazones cuarteados. A lo largo del camino, Dios nos ha concedido el privilegio de andar con otros hombres que han llegado a experimentar profunda restauración. Mi ferviente oración y esperanza singular es que tú te unas en el viaje.

Este capítulo ofrece mi mejor descripción del trayecto que hemos tomado. No se trata de una serie detallada de instrucciones, como un GPS que te informa dónde girar y a qué distancia hasta que alcances tu destino. Funciona más como un atlas que te muestra una disposición general del terreno y lo que necesitas saber para ir de un punto a otro. Aunque el siguiente diagrama sugiere una progresión pulcra y ordenada de una etapa a la siguiente, de ningún modo se trata de un proceso lineal. Toda verdadera espiritualidad es confusa. Giramos en dirección equivocada. Nos perdemos. No nos detenemos a pedir instrucciones. Pero a medida que Dios restaura nuestras almas nos guía fielmente por sendas de justicia (Salmos 23.3).

«Bienaventurado el hombre que tiene en ti sus fuerzas, en cuyo corazón están tus caminos», escribió el salmista (Salmos 84.5). Cuando entregas tu vida a Cristo, él no solo te da un corazón nuevo sino que posiciona la brújula hacia el verdadero norte y te indica la correcta dirección hacia la ciudad de Dios. Saber que tienes un camino en tu corazón debería ser muy consolador. Podrías desorientarte y salirte del sendero, pero siempre puedes volver al camino. Está allí en tu corazón.

En el capítulo 7 describí el ciclo de esclavitud del alma como una espiral de adicción, compulsión e idolatría. Allí también hablé de la primera parte de Proverbios 22.5: «Espinos y lazos hay en el camino del perverso». Sin embargo, no hablé de la segunda parte del versículo: «El que guarda su alma se alejará de ellos». Si queremos vivir libres de trampas adictivas debemos guardar nuestras almas. Eso no significa que las protejamos del sufrimiento de un mundo caído. Significa que somos proactivos, que estamos atentos y alerta en relación a la vida interior.

Puesto que nuestras almas son de inestimable valor para Dios (compradas con la sangre de Cristo) debemos prestarles atención, cuidarlas, nutrir la vida en su interior, y defenderlas de ataques. También debemos guardar nuestras almas porque son el lugar de morada de Dios. La ilustración de la carretera del cuidado del alma te ayudará a experimentar cuidado y transformación para tu alma.

La carretera del cuidado del alma

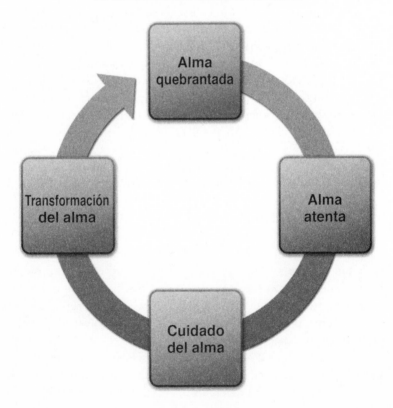

ALMA QUEBRANTADO: PUEDE SER TRANSFORMADA

La primera vez que Connor me habló de su lucha confesó que sentía culpa y sabía que su hábito pornográfico le estaba erosionando el corazón y el matrimonio. En muchas de nuestras conversaciones iniciales él seguía señalando con el dedo a su esposa. Ella no cooperaba en la cama como él quería. Ella no entendía las necesidades sexuales de él. Los deseos de su esposa no eran compatibles con los de Connor. La esposa había presentado problemas médicos a lo largo del matrimonio que hacía el asunto más complejo de lo que él deseaba. En resumen, Connor insistía en que si ella decidía cambiar para satisfacerle sus necesidades, entonces él podría aplacar sus deseos sexuales. Todo el mundo tenía cosas por arreglar, menos él.

Cómo identificar el quebrantamiento

Cuando Connor dejó de ver únicamente lo que estaba mal con su esposa, se liberó para enfrentar su propio quebrantamiento. Bajo la superficie de su agradable personalidad cristiana se dio cuenta de que las demandas airadas y los anhelos que no había reconocido antes habían alimentado su enfoque en sí mismo. El hombre comenzó a entender que culpar a su esposa era una cortina de humo para su incapacidad de intimar con ella aparte del sexo. El éxito profesional y económico de él ocultaba su profunda sensación de insuficiencia y escondía las considerables heridas que su alma había recibido cuando era más joven. Y lo más importante, Connor descubrió que sus luchas con la pornografía y la lujuria no tenían que ver con el sexo. Había gastado mucho tiempo y energía ocultando el hecho de que era un hombre abatido.

La primera tarea es identificar el quebrantamiento. ¿Qué heridas tienes? ¿Qué debilidades son las que ocultas o tratas de compensar? ¿De qué modo se produce guerra espiritual en las mentiras que crees? Y por último, ¿en qué forma se desarrolla en ti la maldad, es decir la pecaminosa confianza en ti mismo a fin de preservarte y protegerte?

Cómo hacer la conexión entre quebrantamiento y porno

Otro poste de kilometraje en la carretera de la transformación del alma es evaluar las promesas incumplidas que lo pornográfico te ha hecho. ¿Recuerdas las «promesas incumplidas de la pornografía» del capítulo 2? ¿Promete la pornografía

- validar tu hombría sin necesidad de fortaleza?
- satisfacción sexual sin relación?
- intimidad sin riesgo ni sufrimiento?
- pasión y vida sin conexión con el alma?
- poder sin responsabilidad sobre las mujeres?
- consuelo y cuidado sin necesidad de depender de otros?

Jesús vino a vender a los quebrantados de corazón y a liberar a los cautivos. Aunque no toda herida puede sanar por completo en este lado del cielo, en Cristo hay curación sustancial a disposición. Existe mucha más sanidad disponible para nuestras almas de la que alguna vez creerías posible. Así que llevamos nuestros corazones y nuestras heridas a Dios, y buscamos sanidad. Comenzamos este proceso aprendiendo a estar atentos.

ATENCIÓN AL ALMA: SE PUEDE DESARROLLAR

La siguiente parada en la carretera de cuidado del alma es *atención al alma*. Esto significa estar atento y consciente a tu mundo interior. No se trata de introspección mórbida ni análisis paralizante. En los Salmos vemos que David, el hombre conforme al corazón de Dios, practicaba atención al alma. Como poeta y rey guerrero este salmista no vivía con el aire superficial de que *todo está bien* ni estaba interiormente desconectado o absorto en sí mismo. David vivía muy consciente de su mundo interior. Sus sinceras reflexiones en los Salmos manifiestan esto. Otros hombres también contribuyeron con profundas reflexiones a los Salmos.

Años atrás muchos cantábamos un coro en la iglesia basado en Salmos 42.1: «Como el ciervo brama por las corrientes de las aguas, así clama por ti, oh Dios, el alma mía».[1] En realidad nunca pusimos atención a la realidad que básicamente el salmista estaba expresando: «Así como un animal moribundo y deshidratado busca agua, así lo hace mi alma reseca». El salmista, a quien la Biblia describe como un hijo de Coré, no estaba pintando aquí una imagen muy atractiva. El salmo 42 es un canto de lamento que refleja el dolor del autor por la pérdida de su sociedad.

A medida que el salmista derrama su corazón ante Dios, parece detenerse en seco para preguntar: «¿Por qué te abates, oh alma mía, y te turbas dentro de mí?» (42.5). Luego vuelve a derramar el corazón, hace una pausa, y repite la misma pregunta. «¿Por qué te abates, oh alma mía, y por qué te turbas dentro de mí?» (v. 11; analiza también 43.5). Observa que el salmista conversa con Dios, pero también lo hace consigo mismo como base de su diálogo con el Señor. Esta resulta ser la hermosa imagen de un hombre que está poniendo atención a su alma.

CUATRO MANERAS DE PRACTICAR ATENCIÓN AL ALMA

Al cavilar en mi adicción sexual me pregunto a menudo cómo mi vida pudo haber sido distinta de haber tenido a mi disposición un lenguaje que me hubiera ayudado a entender lo que me estaba pasando en el alma. Puesto que trabajo hoy día con hombres, intento siempre que es posible ayudarles a desarrollar un lenguaje del alma. Cuatro acciones relacionadas te ayudarán a desarrollar tu propio lenguaje del alma.

Vigila tus detonantes

Quizás recuerdes del capítulo 7 que los detonantes son señales que provocan ansias reflejas y que impulsan a actuar sexualmente. Es clave identificar qué lugares, personas, circunstancias o experiencias te estimulan.

¿Qué te incita a la lujuria y la ansiedad, y te hace mover hacia la pornografía? Ningún detonante es insignificante si sirve como señal para la lujuria y la ansiedad. Conozco a un hombre a quien cierto perfume lo excita. A otro lo estimulan las mujeres de cabello castaño.

Para muchos hombres es útil hacer una lista de detonantes. Si tú la haces, trata de imaginarlos como operativos secretos estratégicamente ubicados en un campo de batalla. En tus momentos de vulnerabilidad esos operativos se lanzan en ataque frontal. Tu responsabilidad consiste en acecharlos y aprender sus posiciones para que puedas destruirlos.

Interroga tus ansiedades

Imagina a un prisionero de guerra sentado nerviosamente en una sala de interrogatorios. Una solitaria bombilla cuelga sobre la cabeza mientras el investigador exige al prisionero que revele todo lo que sabe. Ahora imagina que tú eres ese investigador, y que tu prisionero es tu ansiedad incontrolable. ¿Parece extraño? En realidad, te sorprenderías si tu ansiedad pudiera decirte todo lo que sabe. En cierto nivel el fenómeno de ansiedad es parte de tu estructura física y biológica.

En otro nivel, tus ansiedades *sí* te hablan. Son las expresiones fisiológicas de sed y anhelo que te comunican que un deseo legítimo no se ha satisfecho. ¿De qué trata la ansiedad? ¿Cuál es el deseo detrás del impulso? ¿Cuál es el deseo legítimo? Antes de aprender a interrogar sus anhelos, oigo decir a algunos hombres: «En realidad solo estoy excitado». Pero después de aprender este método de atención al alma suelen decir: «No estoy excitado; lo que realmente siento detrás de mi sensación de fogosidad sexual es soledad».

Domina tus impulsos

A estas alturas es probable que entiendas que tensionarte y crujir los dientes no te llevará al origen de tu problema de lujuria. Claro, a veces debes ejercer voluntad y resistir la tentación, pero si tan solo suprimes tus impulsos y ansias, estas volverán incluso con mayor ferocidad. Una manera de tratar con esto es practicar *dominio de estímulos*.

El investigador de adicciones Alan Marlatt, de la Universidad de Washington, acuñó el término *dominio de estímulos* al comparar ansiedades adictivas con olas del océano. Los estímulos, igual que las olas, empiezan pequeños, ganan impulso, y finalmente se desvanecen. En realidad, los más intensos estímulos y ansiedades casi nunca duran más de treinta minutos. Si intentas nadar a través de una ola de buen tamaño en el océano, serás arrastrado debajo del agua por mucho que lo resistas. Sin embargo, si te vuelves y subes a la ola cuando esta pasa, podrás seguir nadando. Dominar el estímulo es algo parecido. En vez de pelear directamente con la ansiedad, puedes reconocer de manera consciente los estímulos y resistirlos hasta que pasen. Esto puede ser especialmente útil durante el proceso de reiniciar y reprogramar tu cerebro.

He aquí un ejemplo de cómo podría ser dominar el estímulo con la porno o la lujuria. Digamos que estás solo en casa y que no has visto pornografía por dos semanas. De repente empiezas a pensar en conectarte y buscar porno. El primer paso es simplemente *observar*. Siéntate cómodamente en una silla y respira profundo algunas veces para ayudarte a que te centres. Luego haz un inventario de tu cuerpo. ¿De qué parte de tu cuerpo está llegando el estímulo? ¿Dónde lo sientes? ¿Es una sensación en el estómago, los hombros, los genitales? ¿En qué consiste la sensación? ¿Vacío? ¿Hormigueo? ¿Ansiedad? Ahora viene la parte que requiere un poco de valor. Pronuncia en voz alta lo que estás experimentando: «Estoy sintiendo una ansiedad... la siento como nerviosismo en el estómago. Es una sensación ligera y vacía». Di cualquier cosa que experimentes tres o cuatro veces en voz alta.

Ahora que has observado de qué se trata la ansiedad, el siguiente paso es *centrarse*. Dirige tu enfoque a una parte específica en que experimentas el estímulo. Observa las sensaciones exactas. Concéntrate en la ligereza, la superficialidad o la tensión. Observa el tamaño que ocupa la sensación. ¿Tiene el tamaño de una pelota de béisbol? ¿O de un alfilerazo? Mientras te enfocas en la sensación, descríbela para ti en voz alta. Por ejemplo: «El corazón parece palpitarme más rápido. Puedo sentir el rubor en el rostro. Siento una energía en las sienes». Como observador externo de ti mismo, permanece notando las sensaciones y experiencias, y describiéndolas en voz alta.

El tercer paso es *reenfocarse*. Vuelve a cada parte de tu cuerpo donde experimentes el estímulo o la ansiedad. ¿Logras observar algún cambio sensorial? Después de algunos minutos de dominio de estímulo podrías percibir que la ansiedad ha disminuido o que ha desaparecido por completo. Es primordial señalar aquí que lo importante de dominar el estímulo no es eliminar la ansiedad sino experimentarla de forma distinta. En vez de correr hacia la ola del deseo, te estás subiendo en ella. Te fortaleces al saber que puedes encaramarte incluso en la ola más grande. En la primera etapa de recuperación puedes practicar esto hasta que estés tan familiarizado con los estímulos que estos ya no te causen problema.

Soporta tu tensión

En su libro *The Holy Longing*, Ronald Rolheiser, sacerdote católico y presidente de seminario, narra una historia de una clase a la que él asistía en el instituto de posgrado.[2] Un día en que el profesor estaba dictando una charla sobre sexualidad y moral surgió el tema de la masturbación.

—¿Se masturba usted? —preguntó audazmente un estudiante, parando en seco al profesor.

Al instante el catedrático reaccionó con ira ante la flagrante falta de respeto del alumno. Entonces se apartó de los alumnos, se puso frente a la pizarra, y se quedó en silencio. Después de retomar la compostura se volvió y se dirigió al estudiante:

—Mi primera reacción es decirte que estás fuera de orden y que no eres quién para hacer ese tipo de preguntas en esta clase, o en cualquier otro lugar. Sin embargo, puesto que esta es una clase de teología moral, y que al fin y al cabo tu pregunta tiene algún valor, te la voy a contestar: Sí, a veces lo hago... y no me enorgullezco de eso. No creo que eso esté muy mal ni que esté muy bien. Sin embargo, sé que soy mejor persona cuando no lo hago porque entonces estoy soportando más de la tensión que nosotros, todos nosotros, debemos soportar en esta vida. Soy mejor persona cuando soporto esa tensión.

Soportar tensión en esta forma no es un acto ascético de abnegación sino un acto de amor. Cuando los hombres se masturban, la mayoría de veces se separan de sus almas. Después del éxtasis inmediato y de liberar la tensión experimentan una debilitada sensación de fortaleza por haberse desgastado. Esto ocurre no solo en el nivel físico sino también en el emocional y espiritual.

De los cientos de hombres que he aconsejado en cuanto a sus adicciones sexuales, ninguno me ha dicho que después de masturbarse se sintió más fortalecido, más confiado, y más conectado vitalmente a la parte profunda de su alma. Debates sobre si la masturbación es un pecado o no es pasar totalmente por alto lo primordial. La cuestión crucial no es si masturbarse está bien o mal. La pregunta es, como ocurre con cualquier pensamiento o conducta: ¿obstaculiza esto nuestra madurez espiritual, emocional y social? ¿Se interpone esto en el camino del amor?

¿Qué significa entonces soportar la tensión? En física se define la tensión como *magnitud de la fuerza de tracción* ejercida por otro objeto. Soportar la tensión empieza cuando se reconoce que una fuerza está jalándote hacia el sendero de menor resistencia. Esta fuerza busca la resolución más fácil por la menor cantidad de esfuerzo. Se trata de una fuerza de tracción para disminución de tu alma.

Creo que la otra fuerza es la imagen de Dios (*imago dei*) en tu interior. Esta fuerza es heroica, y su magnitud es inconmensurable. Obliga a los bomberos a correr hacia las llamas y a los soldados a atravesar el fuego enemigo para salvar a sus compañeros. Más comúnmente, esta otra fuerza se demuestra en la tierna fortaleza de un esposo que se acerca a su esposa cuando ella está enojada. Se revela en el valor de un joven aterrado que le pide a una chica que lo acompañe al baile de inicio del año académico. Esta fuerza es la realidad del evangelio detrás de todo crecimiento espiritual, cuando perdemos nuestras vidas para hallarla (Lucas 9.24).

Soportar tensión siempre implica necesariamente sufrir y aceptar nuestro dolor, no porque seamos masoquistas sino porque el dolor conduce al bien y al crecimiento de nuestras almas. Así como nuestros músculos físicos crecen cuando se los estira hasta el límite, los músculos de nuestras almas crecen cuando soportamos tensión.

CUIDADO DEL ALMA: LO QUE TU ALMA NECESITA AHORA

A continuación llegamos a la etapa adecuadamente titulada *cuidado del alma*, en que tu vida interior se une con el resto de tu vida. Es como Dios planeó que vivieras, como una persona totalmente integrada. El cuidado del alma promueve la restauración y el bienestar de tu ser, de tal modo que también se beneficien tus partes espirituales, emocionales, relacionales y físicas. Hablar de estas dimensiones como entes separados puede ser engañoso, puesto que se interrelacionan con las otras. Lo que sucede en una dimensión dada tiene influencia en cada una de las demás dimensiones.

Al enseñar a los hombres a practicar cuidado del alma les animo a centrarse en dos preguntas. Primera: *¿qué necesita realmente mi alma ahora mismo?* Recuerda que la pornografía y la lujuria ocultan tus verdaderas necesidades. Todo hombre experimenta necesidades relacionadas con lo que está sucediendo aquí y ahora. Tener hambre o cansancio, por ejemplo. También se deben considerar las necesidades a corto y largo plazo. ¿Cuál es una saludable cantidad de horas de trabajo? ¿Cómo sería tu semana ideal con Dios? ¿Con amistades y amigos? ¿Cuáles son esas necesidades verdaderas?

La segunda pregunta es: *¿cómo puedo comenzar a satisfacer esas necesidades en una forma legítima y sana?* Esto fue importante para Connor. Cuando comprendió que la relación sexual se había convertido en un sustituto para la intimidad emocional y espiritual con su esposa, él se empeñó en practicar regularmente afecto físico no sexual, lo cual se convirtió en una bendición para los dos. Ella no sentía tanta presión, lo cual a su vez le ayudó a sentir mayor libertad para entregarse a su esposo de modo emocional, físico, espiritual y sexual. Él se sintió más conectado emocional y espiritualmente con su esposa y descubrió que su demanda por sexo disminuía.

¿Qué necesita el «tú» físico?

¿Qué significa interesarse por quien tú eres como un ser físico? ¿Cómo describirías tu nivel de energía? ¿Cuáles son tus hábitos de alimentación? ¿Haces ejercicio? ¿Cómo administras la parte física de tensión y estrés? ¿Tienes problemas de sueño? ¿Cuándo fue la última vez que te hiciste un examen médico completo? Cada uno de estos puntos también podría relacionarse con salud emocional y relacional. Cuando físicamente no estás bien, esto afecta todos los demás aspectos de tu vida.

¿Qué necesita el «tú» relacional?

Cuando un hombre está preocupado con una obsesión sexual como pornografía, las relaciones y las interacciones sociales tienden a sufrir. Las obsesiones sexuales son desórdenes de intimidad. Por definición, conducen al aislamiento y la soledad... aun si un hombre es adicto a las relaciones. Cuando se rechazan las necesidades relacionales, la pornografía se convierte en un sustituto fácil.

¿Qué necesita el «tú» emocional?

Uno de los libros más ingeniosos que he leído en los últimos años es *Espiritualidad emocionalmente sana* de Peter Scazzero.[3] Uno de sus puntos importantes es que no podemos separar nuestra salud emocional de nuestra salud espiritual. Puedes hacerte una evaluación emocional gratuita en www.emotionallyhealthy.org.

¿Qué necesita el «tú» espiritual?

Como discutí en el capítulo 11, una de nuestras mayores necesidades es aislamiento y silencio. En esos tiempos a solas pregúntate cómo sería el «tú» espiritual ideal. Luego pregúntale a Dios lo que él desea decirte.

TRANSFORMACIÓN DEL ALMA

Se necesita muchísimo valor para acabar con los falsos placeres de la pornografía y enfrentar las realidades de tu propio corazón. Hoy día mi amigo Connor te diría que esta confrontación ha sido uno de los capítulos más duros y dolorosos de su vida. Pero también diría que ha sido la temporada más valiosa. Él y su esposa disfrutan un matrimonio que es más rico, más profundo y más real de lo que nunca creyeron posible.

¿Qué le ocurrió entonces a su infierno de lujuria y lucha con pornografía? Hoy día centellea de vez en cuando, recordándole que su sexualidad no es algo que él deba suprimir y manejar sino más bien algo que debe entender como una ventana al interior de su alma. Ese destello actúa como la luz de advertencia en el tablero de un vehículo. Está allí, y se prende cuando algo debajo del capó necesita atención.

En este lado del cielo no existen almas transformadas, sino almas que están en proceso de transformación. No deberíamos medir la transformación por la ausencia de pecado sino por la presencia de amor, gozo, paz, paciencia, benignidad, bondad, fe, mansedumbre y templanza (Gálatas 5.22–23). Además de perder la compulsión hacia la lujuria y la pornografía, otras señales te mostrarán que el Espíritu de Dios te está transformando la vida. Mantente atento a una presencia cada vez mayor de fe, esperanza y amor. *Fe* es la convicción de que Dios realmente es quien dice ser. Confiable. Bueno. Suficiente. *Esperanza* es poner en sus manos los deseos y anhelos de tu corazón. *Amor* es el alud de un corazón que está lleno de ternura.

Tu viaje por la carretera del cuidado del alma pudo haber comenzado hace mucho tiempo o tal vez acaba de iniciarse. Sea como sea, el camino que queda por delante requiere más exploración. Hagámosla en el siguiente capítulo.

13

Libertad para vivir

La mayor tentación humana es conformarse con muy poco.

—THOMAS MERTON

—Timmy, ¿cuándo viste por última vez a Eddie? —pregunté con un poco de tensión en la voz.

—No lo veo desde la tercera entrada... cuando fue a comprar un perro caliente —contestó el chico.

El descanso de la séptima entrada había concluido con los Indios de Cleveland jugando a casa llena. En esa época yo era un joven ministro, y pasaba tiempo con dos hermanos adolescentes cuyo padre había muerto dos años antes de forma inesperada. Timmy era el hermano tranquilo y obediente, mientras Eddie, tres años mayor, era el salvaje y rebelde, cuyos crecientes antecedentes penales se estaban convirtiendo en leyenda en medio del vecindario. Yo estaba comprometido y decidido a que bajo mi vigilancia, esta sería una salida sin mayores complicaciones.

Cuando los jugadores regresaron al campo de juego y los espectadores empezaron a sentarse, una conmoción estalló cerca de tercera base. Un espectador rebelde había saltado al campo y atravesaba corriendo el jardín hacia el *foul pole* derecho del campo. Nunca olvidaré lo que pasó a continuación: el espectador se bajó los pantalones en el centro del campo.

Mientras el muchacho dejaba al descubierto su parte trasera, la multitud de más de cincuenta mil personas se ponía de pie y enloquecía. Varios oficiales de policía, que habían pasado de la madurez mucho tiempo atrás, se unieron a la persecución a través del jardín. Allí fue cuando empezó la diversión. Después de subirse los pantalones, el espectador (que aparentemente no había pensado en su estrategia de escape), zigzagueó entre los policías en un juego del gato y el ratón.

Entonces me di cuenta que el espectador era Eddie, quien antes se había topado con un amigo que le ofreció veinte dólares si se desnudaba el trasero en el centro del campo. Cuando la policía lo presionó, Eddie corrió hacia la derecha del campo y saltó la valla, cayendo en manos de la seguridad que prontamente lo esposó.

Hasta donde sé, ni siquiera recuerdo haber asistido a un seminario pastoral juvenil sobre qué hacer cuando uno de los chicos de tu grupo de jóvenes comete un acto de exposición indecente frente a cincuenta mil personas.

Ese día obtuve una comprensión totalmente nueva de la idea bíblica de estar desnudo y sin vergüenza. En un nivel obvio, Eddie estaba desnudo y sin vergüenza. Pero su insensata acción puso al descubierto algo en mí. Me sentí muy fuera de control. Más profundo que eso, me sentí avergonzado. Ridículo. Como un fracasado. Imaginé lo que otros estarían diciendo. Me pregunté: *¿por qué le quité la mirada de encima? ¿Cómo pudo ocurrir? Y si esto sucedió bajo mi vigilancia, quizás Eddie no me respeta.*

Como pastor de jóvenes, yo había desarrollado una reputación por trabajar con chicos buenos. Sumisos. Chicos que no amenazaban mi sentido de idoneidad y control. Pero ahí estaba yo, de veinte años de edad, sintiéndome totalmente inepto. Me sentí fuera de control y no me gustó. Era una forma de desnudez a la que no estaba acostumbrado.

LA LIBERTAD DE DESNUDAR NUESTRA IDENTIDAD

Todos experimentamos lapsos en nuestra vida en que nos vemos agarrados con los pantalones abajo, o en que nos encontramos expuestos en un momento de incapacidad. En el proceso se revela nuestra desnudez. La desnudez del yo de alguien es la identidad que se halla oculta y solitaria; perversa, herida y débil; destrozada y empobrecida. Esta desnudez no tiene encanto, credenciales, logros o posición. Henri Nouwen la llamó «el yo irrelevante».[1] Es la identidad que, lejos de la búsqueda amorosa de Dios, tratamos de ocultar. A fin de *ser* nosotros mismos, todos debemos aceptarnos con nuestras identidades desnudas.

La noche en que fue traicionado, Jesús participó en una comida con sus discípulos. Al final se puso de pie y nos entregó una extraordinaria imagen del amor divino. Igual que un siervo común, Jesús se envolvió una toalla en *su* cintura, echó agua en un recipiente y comenzó a lavar los pies sucios y empolvados de sus discípulos. Entre esos pies estaban los de Judas y Pedro. Uno de esos hombres lo traicionaría; el otro lo negaría... antes de que la noche concluyera (Juan 13.1–8). Sin embargo, Jesús se arrodilló delante de ellos.

Hoy día el amor de Dios se arrodilla ante nosotros, dondequiera que estemos. Y cuando lo hace nos insta a desnudar nuestras almas delante de él. ¿Por qué? Porque cuando vemos nuestras identidades desnudas a la luz del amor del Señor, hacemos dos descubrimientos. Primero, descubrimos más claramente quién es *Dios*. Toda la miseria en nuestro mundo y en nuestras vidas ponen en duda la bondad del Señor ¿Podemos confiar en él? ¿Es él suficiente de veras? En nuestra desnudez no hay pretensión de ganar u obtener el amor divino. Este es un regalo que hace más real al evangelio.

Solamente en nuestra desnudez podemos experimentar la misericordia, la ternura y la sanidad del Padre, y podemos darnos cuenta que no somos avergonzados ni despreciados. En esta condición sabemos en nuestros corazones que la pobreza y el quebrantamiento que vivimos son la moneda celestial por medio de la cual podemos obtener todas las riquezas guardadas en las estanterías de los abundantes depósitos del Señor.

Si en nuestra desnudez lo primero que descubrimos es quién es Dios, el segundo descubrimiento es quiénes *somos* nosotros. Cuando comprendemos que somos amados más allá de lo imaginable, nos damos cuenta que solamente esto define nuestras verdaderas identidades. Somos los amados. Debido a esto somos libres de la obsesión por ser alguien que no somos... ya no queremos impresionar, manipular o intentar en nuestro modo exclusivo de obtener amor. Somos libres para ser quienes somos.

VERDADERA LIBERTAD SIGNIFICA MOVERNOS HACIA EL CORAZÓN DE DIOS

Estos dos descubrimientos nos traen libertad. Sin embargo, ¿qué es libertad?

En el sur estadounidense antes de la Guerra Civil los esclavos eran propiedad de alguien. El dueño determinaba a dónde podían ir sus esclavos, qué podían hacer, y cómo serían sus vidas cotidianas. El amo controlaba totalmente al esclavo.

Al concluir la Guerra Civil en 1865 todos los esclavos en el Sur fueron emancipados. Pero la emancipación significaba mucho más que la sola liberación de esclavos de una hacienda o una labor opresiva. También era una declaración de que todo antiguo esclavo era considerado una persona plena, con el derecho de dirigir como quisiera el curso de su propia vida. Según las normas de la patria, a todas las personas, incluyendo antiguos esclavos, se les concedía el derecho de ser tratadas con la dignidad de ser individuos formados a imagen de Dios.

La libertad es como una moneda. Liberarse de las cadenas de la pornografía solo es una cara de la moneda. Sin embargo, ambas caras brindan la imagen completa. La liberación no solo es *de* algo (la primera cara de la moneda); también es emancipación *hacia* algo (la otra cara)... es la habilidad de hacer lo que más deseas hacer, y convertirte en quien profundamente eres.

Cuando abrazas esta libertad puedes comenzar a dirigir tu voluntad según tus deseos verdaderos. Puedes tomar decisiones sanas y ejercer dominio propio. *Tú* decides si miras o no los senos de una mujer, si te masturbas viendo pornografía o si no lo haces, si tienes relaciones sexuales con tu novia o si no la tocas, o si coqueteas o no con tu compañera de trabajo. A esto es lo que la Biblia se refiere como *dominio propio*.

Un día mientras me hallaba sentado en una cafetería Starbucks me topé con un amigo a quien no había visto en algunos años. Mientras pasábamos algunos minutos poniéndonos al corriente de nuestras vidas, él destacó algo que me hizo saber que su lucha con la pornografía ya era en gran manera algo del pasado.

«Lo que me tomó por sorpresa —manifestó mi amigo—, fue que una vez que mi hábito con la pornografía se rompió, Dios comenzó realmente a obrar en algunos asuntos profundos dentro de mi corazón». Sus palabras me recordaron la famosa frase de George Carlin: «El solo hecho de que el mono se haya bajado de tu espalda no quiere decir que el circo se haya ido de la ciudad».

No obstante, el comentario de mi amigo no me sorprendió porque sé que nuestro Padre celestial desea darnos plenitud, abundancia y libertad. Y a fin de que podamos recibir esas virtudes, Dios debe hacerles espacio en nuestros corazones. Pero primero debemos permitirle que obre en nuestros asuntos más profundos.

El Señor está interesado en mucho más que darte energía para mantenerte lejos de la pornografía. Obviamente, desea que te liberes de cualquier atadura (incluyendo lo pornográfico y lujurioso) que se interponga en tu relación con él. Pero en una perspectiva general, Dios quiere que te liberes de cualquier estorbo (relacionado o no con la pornografía) que te impida llevar la vida que él quiere para ti. Recuerda, David escribió que él corría por el camino de los mandamientos de Dios (Salmos 119.32) porque su corazón había sido liberado. ¿Cómo es esta vida de libertad (la vida que el Señor quiso para todos nosotros)?

DIOS QUIERE TRANSFORMARTE EN UN ROBLE DE JUSTICIA

En su primer sermón Jesús describió el motivo de dejar a su Padre en el cielo para venir a vivir entre nosotros. Lucas nos dice que después de que Jesús ayunó y oró en el desierto durante cuarenta días, siendo tentado por el diablo, comenzó su ministerio público. Lleno del Espíritu Santo, el Mesías volvió a su pueblo natal de Galilea. En el día de reposo entró a la sinagoga donde el pueblo se había reunido para adorar, y agarró un rollo. Es importante señalar que el rollo en las manos de Jesús no venía de una bolsa de sorpresas del Antiguo Testamento, ni que él tomó para ese día un pasaje bíblico al azar. Las palabras que Jesús leyó aparecían en el calendario litúrgico hebreo, lecturas específicas que fueron predeterminadas mucho antes de que Jesús pusiera un pie en el templo. El Hijo de Dios desplegó el rollo y leyó:

El Espíritu del Señor está sobre mí,
Por cuanto me ha ungido para dar buenas nuevas a los
*   pobres;*
Me ha enviado a sanar a los quebrantados de corazón;
A pregonar libertad a los cautivos,
Y vista a los ciegos;
A poner en libertad a los oprimidos;
A predicar el año agradable del Señor. (Lucas 4.18–19)

Estas palabras, tomadas de Isaías 61, describen los beneficios de disfrutar una relación viva con Jesucristo. Representan un evangelio de restauración. Un evangelio de sanidad. Un evangelio de transformación donde las personas oyen las buenas nuevas, entregan sus vidas a Cristo, reciben sanidad y plenitud para sus corazones, y experimentan libertad del sufrimiento de vivir en un mundo caído. Jesús nos ofrece esto para que podamos conocerlo y hacerlo conocer.

¿No hemos oído todos a candidatos políticos que declaran quiénes son, qué apoyan, y qué prometen si resultan elegidos? De igual modo, este fue el primer sermón público de Jesús. El Maestro estaba permitiendo que todo el mundo supiera lo que él representaba y cuáles eran sus pretensiones totales. A medida que Jesús leía los primeros versículos de Isaías 61, prometía tomar todo lo que estaba deshecho y sacar gloria de ello.

Isaías 61 describe además el ministerio de la venida del Mesías, probablemente Jesús. No sabemos si él citó o no el segmento siguiente de Isaías mientras habló en la sinagoga, pero sin duda parece referirse a Jesús. El libro de Isaías dice que el Espíritu del Señor ungió a Jesús para estas razones:

> a pregonar el año del favor del Señor y el día de la venganza de nuestro Dios, a consolar a todos los que están de duelo, y a confortar a los dolientes de Sión. Me ha enviado a darles una corona en vez de cenizas, aceite de alegría en vez de luto, traje de fiesta en vez de espíritu de desaliento. (Isaías 61.2–3 NVI)

Por último, al final del versículo 3 Isaías se refirió a los beneficiarios del ministerio de Jesús:

Serán llamados robles de justicia, plantío del Señor, para mostrar su gloria.

El profeta dijo que debido a la obra sanadora de Jesús en nuestras vidas seremos llamados «robles de justicia». Hoy día «robles» podía suscitar imágenes de muebles de madera o calendarios de otoño. Pero si hubieras vivido en la época de Isaías o de Jesús, habrías sabido que esta era una asombrosa promesa. Ten en cuenta que en tiempos antiguos las personas adoraban y ofrecían sacrificio a sus dioses paganos en tumbas de robles. Dios criticó esas prácticas al principio del libro de Isaías:

Entonces os avergonzarán las encinas que amasteis, y os afren-tarán los huertos que escogisteis. Porque seréis como encina a la que se le cae la hoja, y como huerto al que le faltan las aguas. Y el fuerte será como estopa, y lo que hizo como centella; y ambos serán encendidos juntamente, y no habrá quien apague. (1.29–31)

En rebeldía, el pueblo escogido había abandonado al Señor para reunirse en tumbas secretas de roble y adorar a dioses paganos de las antiguas culturas que los rodeaban, dioses con nombres como Baal, Asera y Moloc.

En nuestro mundo contemporáneo de tolerancia y diversidad religiosa podríamos estar tentados a purificar esta escena. Pero las personas de la época de Isaías sabían otra cosa; sabían que estos dioses requerían que sus seguidores participaran en una amplia variedad de costumbres sexuales promiscuas, realmente pornográfi-cas y fuera del diseño divino (orgías, adulterio, prostitución, incluso sacrificio sangriento de niños) todo en nombre de la «adoración». Practicaban infidelidad tanto física como espiritual.

En Isaías 57, Dios vincula los puntos entre idolatría y adulterio... lo cual ocurría debajo de los «robles»:

Entre los robles, y debajo de todo árbol frondoso, dan rienda suelta a su lujuria; junto a los arroyos, y en las grietas de las rocas, sacrifican a niños pequeños. Las piedras lisas de los arroyos, serán tu herencia; sí, ellas serán tu destino. Ante ellas has derramado libaciones y has presentado ofrendas de grano. Ante estas cosas, ¿me quedaré callado? Sobre un monte alto y encumbrado, pusiste tu lecho, y hasta allí subiste para ofrecer sacrificios. (vv. 5–7 NVI)

Y luego en el versículo 8 Isaías escribió:

Detrás de tu puerta y de sus postes has puesto tus símbolos paganos. Te alejaste de mí, te desnudaste, subiste al lecho que habías preparado; entraste en arreglos con la gente con quienes deseabas acostarte, y contemplaste su desnudez.

He aquí una representación gráfica del pueblo escogido de Dios adorando de forma intencional a dioses extranjeros. Esta no es una imagen de un israelita que simplemente pasaba por el camino y se sintió atraído a entrar en un templo pagano. Es una imagen del pueblo escogido del Señor entregándose a esos dioses extranjeros, de corazón, alma y cuerpo. Como parte de la costumbre regular de adorar a estos dioses, la gente ponía símbolos por todas sus casas del mismo modo que hoy podríamos colgar una cruz en la pared o pegar la calcomanía de un pez en el parachoques trasero de nuestro auto.

¿Cómo eran por tanto estos dioses paganos? En general eran muy sexuales. Por ejemplo, la diosa Asera (conocida en otros lugares como Afrodita) era la diosa de la fertilidad. Así que no asombra que el símbolo que la identificaba fuera el falo. Cuando el Antiguo Testamento se refiere al pueblo escogido de Dios adorando los «postes» de Asera, en realidad está hablando de judíos congregados realizando rituales paganos religiosos alrededor de una torre alta o templo construido en forma de los genitales de un hombre.

Contrario a la opinión popular, esta clase de adoración no murió siglos atrás. Durante un viaje ministerial al sureste asiático presencié de primera mano estos símbolos tanto en calles como en monumentos, y también en edificios de la comunidad. Uno de los encuentros más sorprendentes con un poste de Asera ocurrió en una de las mayores tiendas al por menor, donde una gran sección estaba dedicada a filas y filas de símbolos fálicos de madera. La altura en algunos era de varios decímetros y en otros de varios centímetros. Algunos más estaban hechos para colgar en la pared, en el espejo retrovisor, o en un llavero. Otros eran medallones o fotografías. Cada amuleto representaba poder generativo, bendición y fertilidad.

En Estados Unidos tienes que ir a una librería para adultos o a una tienda de novedades para hallar algo que compita con estos ídolos fálicos comercializados en masa. Independientemente de dónde los encontremos, el simbolismo y la idolatría de los robles de Asera trascienden los tiempos bíblicos. Es claro que Dios está diciendo que a menudo los robles eran lugares tradicionales de *injusticia*, en especial de pecado e inmoralidad sexual.

Volviendo ahora a Isaías 61 y leyendo la oferta de Dios de sanar nuestros corazones, liberarnos, y hacernos *robles de justicia* que muestren la gloria divina, obtenemos una comprensión totalmente nueva. En el mismo lugar de pecado, vergüenza y fracaso, los mismos lugares donde necesitamos la ayuda y la sanidad divinas, el Señor promete convertirnos en robles de justicia.

¿Cuál es el lugar secreto de tu más grande lucha, fracaso o vergüenza? Allí es exactamente donde Dios quiere reunirse contigo. Debo saberlo. Me ocurrió. Pero la mayoría de los hombres que luchan con porno se sienten cualquier cosa menos un roble de justicia. Han estado peleando una batalla perdida o simplemente se han dado por vencidos. Se han resignado a batallar, lidiando con ciclos de derrota, y creyendo profundamente que esto es lo mejor que pueden obtener.

Esto *no* es lo mejor que se puede conseguir. El evangelio nos brinda otro camino, pero hablando prácticamente, ¿dónde podrías comenzar? Regresa ahora a la senda de cuidado del alma. Una profunda transformación es posible; en realidad, es tu derecho natural, pero no hay disponible una solución rápida.

En el mejor de los casos, la invitación a la libertad perdurable parece idealista, y en el peor, se asemeja a una cruel invitación a la esperanza. Pero en realidad, Dios desea con gran pasión transformarte de ser una ramita de vergüenza (piensa en el arbolito de

Navidad de Charlie Brown) en un roble de justicia que mostrará el esplendor y la gloria del Señor... como una de las poderosas secoyas de Yosemite.

VENDE TODO PARA COMPRAR EL TESORO

Siempre me he sentido atraído por la historia en el Evangelio de Mateo en que un hombre encuentra un tesoro enterrado en un campo, vende todo lo que tiene, y compra el campo (13.44). En todos los años de mi adicción me identifiqué con el hombre de la parábola de Jesús, excepto en que yo había vendido todo por la pornografía. Pero la pasión, el riesgo y el propósito singular del hombre en la historia mantuvieron algo vivo dentro de mí.

Hace casi tres décadas, mientras asistía a un campamento de liderazgo de Young Life en el estado de Nueva York, hice una oración que me obsesiona hasta el día de hoy. Al final de la última sesión de aprendizaje, el orador nos envió al aire helado de la noche a pasar veinte minutos a solas con Dios. El tema durante los tres días había sido «cómo posicionar nuestras vidas para el mayor impacto posible del reino». Nunca olvidaré cuán difícil fue sentarme durante veinte minutos en silencio. Además de sentirme vacío y ansioso, en lo único que podía pensar era en todos mis defectos, fracasos y razones de por qué tal vez yo nunca tendría un impacto en el reino de Dios.

También recuerdo haber oído el lejano eco debajo de las acusadoras voces, animándome a llevar una buena vida para el reino de Dios. Ahora sé que se trataba de mi corazón bueno, pero entonces no sabía cómo iría a pasar esto o siquiera si podría ocurrir a la luz de mis luchas secretas. Sin embargo, el deseo de que llevara una buena vida era inconfundible.

Al final de los veinte minutos sonó una campana para anunciar que nuestro tiempo había concluido. Caminando de vuelta a mi cuarto me encontré con mi amigo Peter. Mientras hablábamos descubrí que dentro de él se estaba agitando la misma pasión. Ambos sentíamos que algo importante estaba sucediendo, así que decidimos orar juntos.

Allí, a la orilla del lago Saranac caímos de rodillas y oramos con toda el alma. Mi oración fue algo así:

«Padre, en Jesús me has dado vida, perdón y limpieza. Mi más profundo anhelo es servirte y servir a tu reino en todo lo que yo haga. Pero sé que hay un montón de basura que se interpone en el camino. Deseo ser poderoso en tu reino y tener fortaleza para lo que quieras lograr en mí y por medio de mí. Anhelo conocerte, Dios. Quiero conocerte más, andar más en tus caminos, y vivir según tu verdad. Te pido que hagas *lo que sea necesario* en cualquier parte de mi vida, para que me uses en la medida de lo posible. Si algo se interpone en mi camino para conocerte, te doy permiso de eliminarlo, y te pido que lo hagas. Por favor, Señor, *haz lo que sea necesario*. Quiero conocerte».

Años más tarde, cuando mi amigo Eric se arrodilló a mi lado en el clóset, comencé a orar lo que he orado muchas veces. Pedí: «Jesús, ¿qué quieres decirme?». Lo que oí fue esto: *Michael, ¿recuerdas el tiempo en Saranac cuando me pediste que hiciera lo que fuera necesario para que me pudieras conocer más profundamente? ¿Recuerdas cuando me diste permiso de quitar cualquier cosa en tu vida que se interpusiera en el camino para conocerme? Eso es lo que he estado haciendo. Te amo tan profundamente que no tendré reparos para sanarte. Has tardado veinte años en verlo, pero estoy contestando tu oración.*

Entonces comprendí. Dios había respondido mi oración de años antes. Él estaba haciendo lo que era necesario.

Hacer lo que sea necesario no tiene que ver con probarte, esforzarte más, o aumentar tus bríos. Dios no lo permita. Wendell Berry escribió: «Podemos comenzar en donde estamos y con lo que tenemos, e imaginar las sanidades que sean necesarias y trabajar para conseguirlas. Sin embargo, debemos empezar por renunciar a cualquier idea de que podemos producir estas sanidades sin cambios fundamentales en la forma en que pensamos y vivimos. Enfrentamos una decisión que es crudamente sencilla: debemos cambiar o ser cambiados. Si no cambiamos para mejorar, entonces lo haremos para empeorar».[2]

Hacer lo que sea necesario no es un acto de fuerza sino de humildad. Para cada hombre que batalla con pornografía y lujuria, hacer lo que sea necesario implica una etapa en que el individuo debe confiar en Dios y en otras personas. Para algunos esto significa que por primera vez compartirán su lucha con alguien. Para otros significa tener una difícil conversación con sus esposas o novias. Para otros más significa asistir a un grupo de hombres que luchan con porno. En algunos casos hacer lo que sea necesario significa conseguir consejo individual a fin de explorar asuntos profundos que yacen bajo la superficie. En algunas situaciones hombres en adicción han buscado terapia hospitalaria, o un intenso programa de consejería, como el que ofrecemos en Restoring the Soul.

En el Evangelio de Juan leemos acerca de Pedro y Juan ante la tumba vacía en la mañana de Pascua (20.3–8). Juan se le adelantó a Pedro y llegó primero, pero se detuvo antes de entrar. Pedro llegó después pero entró directamente. Dios te ha prometido nueva vida. ¿Has entrado en esa nueva vida? Si permaneces fuera de la tumba no la conseguirás.

NUESTRO CAMBIO SIGUE LA SECUENCIA DE *DIOS*

En nuestro exigente mundo debemos examinar nuestras expectativas acerca de lo que es un cambio y lo que es una transformación. Casi nunca ocurre transformación inmediata. Si no se produce cambio según tus expectativas o tu programa, es probable que te desanimes. Recuerda que la transformación espiritual es una maratón y no una carrera corta.

Inevitablemente experimentarás momentos, incluso temporadas, en que el poder de Dios parece ausente. Por lo general él nos transforma en medio de los ritmos corrientes y cotidianos de la vida. Sí, de vez en cuando nos bendice con «encuentros divinos» repletos de emoción e intensidad. Pero el viaje hacia la libertad es una senda de fidelidad diaria. Woody Allen expresó en cierta ocasión: «Ochenta por ciento del éxito es simplemente presentarse». A veces eso es lo único que puedes hacer. No hay problema. En esos días y en esas temporadas en que parece no estar ocurriendo mucho, debes saber que algo *está* sucediendo. Dios *está* en acción: «Estando persuadido de esto, que el que comenzó en vosotros la buena obra, la perfeccionará hasta el día de Jesucristo» (Filipenses 1.6).

Paso por el quirófano

El miró hoy por debajo de la camisa
Vio en su carne una herida profunda y ancha
Y de la herida una flor hermosa creció
Desde alguna parte en el más profundo interior
—STING, «THE LAZARUS HEART»[1]

—Jim, eres un alcohólico—explicó el médico.

Esto no era una sorpresa, ya que mi padre había estado asistiendo a Alcohólicos Anónimos por más de cuatro años. En 1972, a los treinta y nueve años de edad, papá se había estado excediendo con el alcohol después de casi cinco años de sobriedad continua. Como operario del sector de impresión, había estado teniendo dos trabajos de tiempo completo y uno de medio tiempo. Cuando llegó al inevitable límite experimentó lo que en ese entonces se denominaba «crisis nerviosa». Para hacerle frente, papá regresó a la botella... la única opción viable que él conocía en esa época. Un amigo de AA lo llevó al hospital donde empezó un tratamiento. Después de una semana de extensas evaluaciones de salud mental, su psiquiatra, un irlandés franco y directo, anunció que había revisado los datos y llegado a un diagnóstico concluyente. Mi padre se preparó para lo peor.

—Tu problema es que eres inmaduro —pronunció el galeno—. Debes crecer y aprender a vivir sin alcohol.

Papá volvió a su cuarto de hospital, donde se sentó por un buen rato a meditar en las palabras del doctor.

—Concluí que el médico tenía razón —me dijo más tarde—. Cuando salí de la alcoba decidí que haría lo que fuera necesario para vivir sin alcohol, a fin de crecer.

Y creció. Casi cuarenta años después, no ha tomado ni un solo trago. Pero aun mejor, su viaje de recuperación lo ha llevado a convertirse en el hombre que un día yo espero ser.

ABRIR SURCOS EN TERRENO NO LABRADO

Es probable que al libro de Éxodo se le conozca mejor por la descripción de la milagrosa liberación de los israelitas cuando salieron de la tierra egipcia. Sin embargo, la mayor parte de la historia describe las relaciones de un Dios amoroso que incansablemente va tras su pueblo amado a pesar de que ellos no lo habían adorado ni habían caminado con él durante los últimos cuatrocientos ochenta años. La precedente opresión, el maltrato y la persecución religiosa que experimentaron los israelitas los convirtió en una nación que ya no sabía cómo caminar con Dios. Igual que mi padre que debió enfrentar su inmadurez y aprender a vivir sin alcohol, los israelitas debían crecer y aprender a vivir como el pueblo libre y escogido de Dios.

Durante los cuarenta años de vagar en el desierto se alejaron una y otra vez del Señor y adoraron ídolos. Pero siempre fiel, Dios los buscó. En el libro de Jeremías, el Señor se dirigió a su pueblo durante uno de estos mayores ciclos de idolatría y desobediencia. Puesto que ellos estaban participando en adulterio espiritual y físico, Dios usó una serie de extrañas imágenes llenas de alusiones sexuales para describir a su pueblo.

> Así dice Jehová a todo varón de Judá y de Jerusalén: Arad campo para vosotros, y no sembréis entre espinos. Circuncidaos a Jehová, y quitad el prepucio de vuestro corazón, varones de Judá y moradores de Jerusalén; no sea que mi ira salga como fuego, y se encienda y no haya quien la apague, por la maldad de vuestras obras. (Jeremías 4.3–4)

Dios les dijo a los israelitas que labraran campo para sí mismos, sin referirse específicamente a la tierra sino al terreno de sus corazones. Los corazones de ellos se habían vuelto duros y poco receptivos, como tierra reseca que no lograba absorber agua de lluvia. El terreno de sus corazones se había vuelto estéril e incapaz de cultivar algo. Con el fin de producir una cosecha era necesario romper el barbecho. Sus corazones debían ser rotos para que absorbieran el amor de Dios.

A continuación el Señor advirtió a los israelitas que no sembraran entre espinos, queriendo decir que estaban plantando semillas en lugares que no podían producir vida. Su adoración a ídolos era similar a plantar semillas en terreno espinoso. Con los corazones sin arar y las semillas sembradas entre espinos, sus acciones les impedían dar o recibir, bendecir o ser bendecidos.

Por último, Dios les ordenó circuncidar sus corazones. No obstante, ¿qué exactamente significa esto?

CORTAR EL PREPUCIO DEL CORAZÓN

¿Te has preguntado alguna vez qué tiene en común cortar el prepucio del pene con nuestra fe en Dios? ¿No sería mucho más fácil que el Señor nos pidiera un mechón de cabello? Sin embargo, dio instrucciones a los hombres de Judá y Jerusalén de circuncidar sus corazones. ¿Por qué la circuncisión?

La historia de la circuncisión se remonta a Génesis 17, cuando el Señor se apareció a Abram en momentos que este tenía la avanzada edad de noventa y nueve años. Para esta época él y Sarai su esposa suponían que nunca irían a tener hijos. Pero Dios hizo un pacto con Abram que resultó en una promesa, una nueva identidad, y un mandato. El Señor prometió a Abram que lo haría fructífero, a pesar de este no tener hijos en esa época; le dio una nueva identidad, cambiando el nombre Abram por Abraham (y el de Sarai por Sara). Pero Dios también ordenó a Abraham que circuncidara a todo descendiente varón: que le cortara el prepucio. La circuncisión era un acto de entrega a Dios, una manera de recordar la promesa divina, y un medio de marcar al pueblo escogido con una nueva identidad.

Podrías estar preguntándote: *¿por qué el pene?* ¿Por qué *no* un mechón de cabello? ¿Qué estaba esperando conseguir Dios al cortar el prepucio de un individuo? La circuncisión representa al menos tres aspectos. Primero, el pene de un hombre representa su *identidad masculina*, más allá de las definiciones sociales y culturales de la virilidad. Simboliza la forma en que un varón utiliza su fuerza: avanzar hacia otros y entrar a su espacio a fin de bendecir o maldecir, dar o recibir, depositar o retirar. En la circuncisión, un hombre rinde su identidad masculina a Dios. Cortar el prepucio requiere que un individuo lleve el peso de un sufrimiento redentor.

Segundo, cortar el prepucio representaba despojarse del *yo oculto*. Esta parte oculta y privada de un hombre estaba reservada para la más íntima de las relaciones; ninguna otra persona tenía acceso a su intimidad. Pero Dios estableció su relación con Israel en el más íntimo de los rituales. Además, desde que Adán y Eva se cubrieron con hojas de higuera, hemos dominado el arte de ocultar nuestras verdaderas identidades. *«Oí tu voz en el huerto, y tuve miedo, porque estaba desnudo; y me escondí»* (Génesis 3.10). Al ordenar a los hombres que se circuncidaran, Dios quitó la hoja de higuera de la vergüenza, exigiéndonos estar desnudos, pero sin ocultarnos.

Por último, el prepucio y el pene simbolizan la *parte que da vida*. Desde un punto de vista reproductivo, el pene nos permite ser fructíferos y multiplicarnos (Génesis 9.7). Pero un hombre está llamado a dar vida, a ser fructífero, en áreas más allá de la relación sexual. Tiene el potencial de difundir vida en otros a través de palabras y hechos. En cuanto a lo relacional, nosotros tenemos capacidad de dar vida para bendecir o maldecir, servir o explotar, animar o desanimar. En las profundidades de nuestras almas masculinas tenemos la capacidad de amar o de permanecer indiferentes, de dar o recibir.

Definitivamente, cada uno de nosotros decide si ha de crecer. Al crecer somos transformados de quebrantamiento a realización, de vacío a plenitud, y de ensimismamiento a centrarnos en otros. El resultado es que podemos dar vida con mayor libertad.

La circuncisión del corazón es tan simbólica como la de la carne. Pablo nos dice que un individuo puede estar físicamente circuncidado sin estarlo espiritualmente.

No es judío el que lo es exteriormente, ni es la circuncisión la que se hace exteriormente en la carne; sino que es judío el que lo es en lo interior, y la circuncisión es la del corazón, en espíritu, no en letra. (Romanos 2.28–29)

La circuncisión del pene es un acto exterior de entrega, recordación y nueva identidad. La circuncisión del corazón representa internamente estas mismas tres realidades. Cuando Jesús criticó a los fariseos porque lo honraban de labios, pero sus corazones estaban lejos de él (Mateo 15.8), muy bien pudo haberles dicho: «Ustedes me honran entregando sus prepucios, pero no han entregado sus corazones». Cumplir con lo indispensable no es lo que Dios desea. Él quiere que nuestras identidades internas y externas estén alineadas.

Circuncidamos nuestros corazones como un símbolo de nuestro amor interior y de devoción al Señor. Un corazón circuncidado permite a Dios entrar a nuestras identidades ocultas, establece nuestras nuevas identidades, y brinda vida a otros.

NECESITAMOS MÁS *RECEPTIVIDAD* QUE *RENDICIÓN DE CUENTAS*

En la batalla contra la pornografía y la lujuria la mayoría de enfoques cristianos resaltan la importancia de rendir cuentas. Sin embargo, según mi experiencia, más que dedicarnos a rendir cuentas debemos ser *receptivos*. Durante mis batallas sexuales rendía cuentas a amigos y mentores que estaban entre los hombres más perspicaces y bien capacitados en mi entorno. Pero yo no tenía la habilidad o el deseo de dejar que esos hombres entraran a mi corazón. A continuación muestro un extracto de mi diario de julio de 1994.

El aspecto más sorprendente, desconcertante y trágico de mis acciones es que mucho antes de engañar a los demás, me engañaba a mí mismo. Durante al menos dos años en nuestro matrimonio se me desarrolló un creciente tumor canceroso de falsedad. Todo ese tiempo he manifestado: «No se trata de un tumor mortal sino de una mancha». A medida que he atravesado todo límite sexual, he minimizado, justificado, excusado o hecho penitencia. Me he cerrado a mis amigos, diciéndoles una fracción de lo que en realidad estaba sucediendo. Me he cerrado ante Dios, esforzándome más por hacer las cosas que creo que le agradan. Soy un individuo arrogante, obstinado y autosuficiente. Señor, creo que tú resistes a los soberbios y das gracia a los humildes. Humíllame. Necesito tu gracia y tu verdad como nunca antes.

Cuando las numerosas aventuras amorosas de mi amigo Jeffrey fueron puestas al descubierto, le pregunté cómo podía ayudarlo. Me dijo que lo que más necesitaba era alguien a quien rendir cuentas. Algo dentro de mí se hundió. *¿De veras?* Tu matrimonio está colgando de un hilo, ¿y tú quieres *rendir cuentas?* Al preguntarle qué tenía en mente, expresó que esperaba a alguien que verificara con él lo relacionado a su «nivel de pureza». Un colega le había dado una lista de preguntas de rendición de cuentas. ¿Me reuniría con él cada semana para revisarlas?

Desesperadamente, Jeffrey necesitaba rendir cuentas. Lo trágico es que, igual que muchos hombres hoy día, su comprensión de rendir cuentas era terriblemente inadecuada. Por lo general se aborda el tema de rendir cuentas en tres maneras, dos comunes y una menos común. Al primer enfoque lo llamo *rendir cuentas al policía*. Nuestro compañero elegido representa la aplicación de la ley, y nosotros somos el ciudadano respetuoso de la ley con la tendencia de exceder los límites establecidos de la conducta sexual apropiada. Cuando excedemos los límites legales nos entregamos a un oficial de la ley, quien emite la citación adecuada. Me gustaría decir que mi descripción aquí está escrita totalmente en broma, pero estaría mintiendo. Mediante la estrategia de rendir cuentas al policía, creo que al compartir mi pecado con alguien tendré mayor incentivo para elegir lo que es correcto. Se trata de evitar la vergüenza. Esta forma de rendición de cuentas es un evangelio de control del pecado que es muy común y lleno de inconvenientes.

El problema más obvio con esta perspectiva es que todo adicto es un maestro del engaño. Mentimos. Es lo que hacen los adictos. He mentido mientras miro a los ojos a mi esposa, a mi mejor amigo, y a mi mentor. Además, este enfoque descansa en el refuerzo externo.

Al quitarlo, vuelven los comportamientos compulsivos y adictivos. Esta forma de rendir cuentas tampoco trata con el corazón. Jesús, por otra parte, declaró que la inmoralidad sexual empieza en el corazón (Mateo 15.19). Casi nunca oigo a hombres analizando unos con otros sus corazones. No tenemos lenguaje para eso. Por último, el hombre que vive bajo el enfoque de rendir cuentas a un policía, a la larga caerá en una de dos formas. Padecerá un sentimiento crónico de no estar a la altura, lo cual solo sirve para reforzar vergonzosas creencias básicas. O sucumbirá al orgullo (igual al de los fariseos en la época de Jesús) resultante de su dominio del pecado. Ninguna de estas direcciones trata con lo que realmente está pasando. Además refuerza un evangelio de control del pecado.

El enfoque siguiente es lo que denomino *rendir cuentas al entrenador*. Nuestro compañero en la rendición de cuentas representa el papel de instructor, entrenador y guía, quien nos ayuda a manejar nuestras vidas a fin de que podamos seguir adelante. Somos jugadores de reserva en el equipo de Dios con una oportunidad muy buena de llegar a estar en las grandes ligas espirituales. Cuando no logramos una buena actuación, la revisamos con el entrenador, quien nos anima de acuerdo con el reglamento, nos envía de nuevo al partido, y nos dice que mantengamos la mirada en el balón. Este enfoque implica que si nos esforzamos lo suficiente, y dedicamos tiempo y atención, podremos obtener una victoria sobre el pecado y hacer que nuestra vida funcione. Este énfasis de «mayor esfuerzo» se relaciona menos con el manejo del pecado y más con el empeño incesante por ser buenos. Es un evangelio de inspiración.

Rendir cuentas al entrenador es mejor que *rendir cuentas al policía*. En varios momentos de nuestras vidas todos necesitamos un amigo o un ser querido que nos enfrente como un policía y nos diga: «¡Basta!». De igual modo, de vez en cuando todos necesitamos ánimo, esperanza y hasta guía o capacitación en cuanto a cómo vivir. A veces necesitamos ese director técnico que venga a nuestro lado y nos inspire a dar lo mejor de nosotros. Sin embargo, en última instancia necesitamos de alguien que cuide nuestros corazones.

Todo hombre necesita *rendir cuentas al cardiólogo*. En medio de mi lucha me faltaba un espacio seguro para hablar de mi quebrantamiento. No tenía el lenguaje para hablar de mi corazón y mi mundo interior. Nadie me preguntó alguna vez si la lujuria constituía una lucha para mí. Nadie me preguntó alguna vez por qué a mis veintitrés años de edad nunca había tenido una cita ni una amiga, o por qué tenía una necesidad compulsiva de ser divertido. Necesitamos alguien que nos haga preguntas no solo acerca de nuestra conducta sino también respecto a nuestros corazones. Necesitamos un amigo que nos haga preguntas relacionadas con las mentiras que creemos, y que nos ayude a interpretar las historias que contribuyen a quiénes somos hoy día.

En el enfoque del cardiólogo pasamos de rendir cuentas a tener receptividad. Ponemos al descubierto nuestra ocultación, pero más que eso, reconocemos nuestro quebrantamiento. En vez de tratar de controlar el pecado, o de ser inspirados a obedecer, reconocemos nuestra necesidad de transformación. Comenzamos permitiendo que Dios, y que algunas otras personas, entren al desbarajuste de nuestras vidas y nos enteremos que somos más que la suma de todo nuestro quebrantamiento.

El enfoque del cardiólogo no requiere de un terapeuta o consejero profesional. Se inicia con la hipótesis de que toda nuestra vida, incluyendo nuestro quebrantamiento, es el terreno en el cual Dios nos hace crecer. Los únicos requisitos para llegar a ser esta clase de cardiólogo son una sana curiosidad, el deseo de ser un amigo bondadoso, y la buena voluntad para crecer en tu comprensión del proceso de transformación espiritual.

UN CORAZÓN CIRCUNCIDADO SIMBOLIZA NUESTRA NUEVA IDENTIDAD

En los primeros treinta años de mi vida, mi familia y mis amigos me conocieron como Mike. En 1994, después de que se descubrieran mi adulterio y mis adicciones, sentí el apremio interior de ser llamado por mi nombre de pila, Michael. Esta decisión no fue fácil al principio. Pasar repentinamente de Mike a Michael fue incómodo para mí y para mis amigos, pero quise este cambio por varias razones. Primera, significaba mi intención de crecer. *Mike* era el niño, el engañador, el seductor, que se negaba a crecer. *Michael* se sentía como la parte de mí que era integral. También decidí el nombre que me habían asignado porque simbolizaba cómo el Señor me estaba llamando a que me tomara más en serio, a sentir todo el peso de mi alma, a correr en todos los ocho cilindros en lugar de solo en cuatro o seis. Pero la razón más convincente, y difícil, por la que opté por mi nombre completo fue porque *Michael* significa «alguien que es como Dios». Me pregunté: *¿quién soy yo para decir que soy como Dios?* Pero en realidad *soy* como Dios. *Tú* también eres como Dios... si le has entregado tu corazón. Compartes el corazón del Señor.

Es probable que te hayas identificado como algo menos que como Dios te identifica. Quizás te equiparas como alguien apocado, indigno, inadecuado o débil. No crees estar a la altura de las expectativas sociales de un hombre. Tal vez basas tu valor en tus ingresos o en el vecindario en que vives. Elijas lo que elijas para definirte, allí es donde Dios quiere encontrarte, sanarte y liberarte de esas identidades defectuosas y fúnebres.

Ya comenté que tenía veintitrés años cuando salí por primera vez con una chica. Cuando aprendí a flexionar los músculos de mi alma masculina, mi consejero me animó a tomar el riesgo de buscar románticamente a una mujer. Cuando por fin me llené de valor, telefoneé a una jovencita y le pedí específicamente: «¿Te gustaría salir conmigo a servirnos un helado?». Su respuesta fue un rotundo no. Al colgar el teléfono levanté el brazo y grité: «¡SÍ!», y luego comencé una danza de victoria. No podía dejar de reír a pesar de haber sido rechazado. ¡No importaba! Acababa de invitar a salir a alguien. Lo que fue tan importante respecto a ese rechazo es que independientemente de que ella dijera sí, yo estaba viviendo mi identidad. Era un hombre fuerte que podía acercarme a una mujer, sin importar que me aceptara o me rechazara. En ese momento me volví muy consciente de que mi identidad no se basaba en si ella dijera sí o no. Toma un momento ahora y pregúntate en qué confías para establecer tu identidad. A la luz de lo que dice la Palabra de Dios en cuanto a la circuncisión del corazón, ¿qué significaría para ti rendir todo aquello que te define, a fin de dejar que sea Dios quien te defina?

SOLAMENTE UNA CIRUGÍA CARDÍACA PUEDE CURARNOS

Hace algunos años mi amigo Cron escribió la letra de una canción que describe esta obra de sanidad: «Poseo un secreto que aprendí tiempo atrás. Amar es como entrar al quirófano. Lo hacemos con gran temblor y temor en el corazón. Pero al despertar hallamos nuestra vida».[2] Si queremos crecer y aprender a vivir sin el cáncer que nos devora lentamente el alma, debemos ir al quirófano. La cirugía en nuestras almas solo puede ser realizada por el Gran Médico. Y como cualquier operación, Jesús no operará sin nuestro consentimiento.

¿Cómo es esta operación? Sin duda involucra el acto cotidiano, y a veces rutinario, de seguir a Jesús a través de las pruebas diarias de la vida. Pero también necesitamos que él opere nuestras partes ocultas, nuestras falsas identidades, y las áreas que se han ensimismado y se han convertido en una prisión del yo. Afortunadamente Jesús sí cura.

Dios promete liberar a los cautivos y sanar a los quebrantados de corazón (Isaías 61.1–3). Pero alguien me dijo una vez que en los evangelios, Jesús nunca sanó de la misma manera a dos ciegos. A veces su obra sanadora ocurre con el tiempo, como un hueso fracturado al que se enyesa y al que luego se le da tiempo para soldarse. En otras ocasiones, Jesús sana en un instante. Independientemente de la forma en que se produzca la curación, la obra de sanidad siempre fluye del buen corazón de Dios que busca restaurarnos.

Marc era un pastor en sus cincuenta con una iglesia floreciente. Cuando su esposa lo agarró viendo pornografía en línea por tercera vez le dijo valientemente que él necesitaba ayuda. El primer día que Marc participó en nuestro cuidado intensivo del alma le instruí que pasara algún tiempo en silencio, soledad y oración centrada. El segundo día le pedí que describiera su experiencia. Me contó que la mente le vagaba, pensó que lo que estaba haciendo era perder tiempo, y cuestionó que el ejercicio tuviera alguna relación con su lucha contra la pornografía. Lo animé a intentarlo de nuevo, así que lo hizo. El tercer día me dio el mismo informe. Pero esta vez le dije que en esta ocasión comenzara su tiempo de oración haciéndole a

Jesús una pregunta sencilla: «Señor, ¿qué quieres decirme?».
Al día siguiente cuando Marc entró por la puerta tenía los ojos
llenos de lágrimas y una sonrisa en el rostro.

—¿Qué pasa? —pregunté.

—No vas a creer esto —manifestó—. ¡Pero Dios me habló! Jesús
respondió mi pregunta. Es más, cuando le pregunté qué deseaba
decirme oí una voz interior diciéndome que vuelva a escribir mi
diario y que esté preparado.

Inmediatamente después de actualizar el diario quedó tan sobre-
cogido de emoción que se tiró bocabajo en el suelo. En los próximos
treinta minutos Jesús expresó estas palabras:

*Marc, no tienes idea de cuánto te amo. Mi corazón hacia ti no es
distinto ahora de lo que era cuando me entregaste tu vida hace algunos
años. Cada vez que mirabas pornografía yo estaba allí viéndote. Estoy
orgulloso de ti, como un padre de su hijo. Cada vez que has nave-
gado buscando porno sé que en realidad estabas buscándome. Marc,
quiero sanarte. Ven a mí con tu corazón humillado. Deseo enseñarte a
oír mi voz. Ven. Quédate quieto y reconoce que yo soy Dios.*

Aunque Marc predicaba acerca de la gracia, estaba convencido
interiormente que Dios estaba desilusionado, frustrado y harto de él
debido a sus luchas sexuales. No tenía idea de que el Señor podría
hablarle, o que le hablaría, tales palabras. Aun más, no tenía idea
de que era posible tal relación con Dios. Cada día durante las dos
semanas siguientes Marc dio pasos iniciales para aprender a estar
en la presencia de Dios. Y cada día el Señor le expresaba palabras
de sanidad. Le reveló la verdad íntima a fin de contrarrestar las
creencias básicas de Marc basadas en vergüenza. Le expresó palabras de afirmación, aprobación y afecto para compensar las heridas
de la ausencia emocional del papá de Marc. Le manifestó palabras
de bendición y visión, asegurándole que tenía un futuro y un propósito para él en el reino de Dios. Al aprender a estar quieto, Marc
descubrió una forma totalmente nueva de caminar con el Señor...
una manera de andar que le produjo verdadera vida en el alma.

La experiencia más importante para Marc ocurrió hacia el final
de nuestro intensivo. Él contó que cuando tenía diez años descubrió

en el cajón de un antiguo aparador en el sótano el alijo de revistas *Playboy* de su padre. Inmediatamente quedó enganchado, y pronto descubrió la masturbación. A partir de entonces, varias veces por semana, entraba a hurtadillas al sótano y se bebía la pornografía de su padre con una mezcla de emoción y temor. Un día fue al sótano e inadvertidamente presenció a su padre masturbándose ante la pornografía. Cada uno había visto al otro, pero Marc se apuró a subir las gradas, se dirigió a su alcoba, clavó el rostro en la almohada, y lloró. Nunca se discutió el suceso.

Por razones que no podía explicar, Marc sintió que debía revelarme este incidente. Cuando lo hizo le preguntamos juntos a Jesús qué deseaba hacer con este recuerdo. Apenas habíamos comenzado a orar cuando Marc se vio con los ojos del corazón en el sótano siendo niño. Ese pequeño estaba asustado, confundido y avergonzado. En mi oficina, Marc empezó a experimentar esas mismas sensaciones.

Se vio haciendo el juramento de nunca hablar con nadie acerca de lo ocurrido. Luego, mientras revivía la experiencia, Jesús apareció en el sótano con el niño e hizo una pregunta sencilla: *¿me permites circuncidarte el corazón?* Marc comenzó a reír ante la pregunta. El pastor de poco más de cincuenta años sabía lo que esto significaba intelectualmente, pero ni él ni el niñito sabían lo que eso significa de manera práctica. Animé a Marc a preguntar el significado al Gran Médico.

—Jesús, ¿qué significa para ti circuncidar mi corazón? —inquirió.

Amablemente, Jesús contestó con tres preguntas más: *¿me permites acceder a esta parte oculta y privada de tu corazón? Al entrar allí, ¿me dejas darte una nueva identidad y reemplazar la falsa identidad de que eres igualito a tu padre? A medida que vivas en tu nueva identidad, ¿me dejas que te haga fructificar en el lugar de tu debilidad y tu dolor?* Sin dudarlo, Marc contestó sí a todas las tres preguntas de Jesús. Fue un momento absolutamente hermoso y sagrado.

Cuando Marc completó sus diez días de cuidado intensivo del alma entendió que este no era el final del viaje sino el principio. El tiempo que pasamos juntos no tuvo que ver con arreglarlo u ofrecerle una experiencia emocional que desaparecería poco después de llegar a casa. En lugar de eso, se relacionó con equiparlo y darle una plataforma de lanzamiento hacia una vida de restauración.

Esta es la vida a la que Dios nos llama a cada uno de nosotros. Sin embargo, para entrar a esta vida más profunda y satisfactoria debemos aprender a vivir sin algo. Igual que mi padre debió crecer y aprender a vivir sin alcohol. Igual que los israelitas debieron crecer y aprender a vivir libremente sin ídolos. E igual que Marc, quien debió aprender a vivir sin las barreras que construyó para alejar la vergüenza y la deficiencia.

Si estás luchando con la porno es probable que lidies con ocultamiento y falsa identidad. Y has intentado hallar vida fuera de Dios. ¿Has circuncidado tu corazón?

Hace poco escuché a un experto cristiano en adicción sexual que decir a hombres que oren más para vencer la pornografía equivalía a maltrato espiritual. Por un lado estoy totalmente de acuerdo. Es incompleto cualquier enfoque que no tenga en cuenta al individuo como un todo (emocional, relacional y fisiológicamente, así como espiritualmente). Resaltar lo espiritual en detrimento de nuestra personalidad total es un evangelio reducido.

Habiendo dicho eso, te invito a hacer esta oración como una forma de circuncidar tu corazón. Pide a Dios que te muestre lo que cada parte significa personalmente para ti. Conviértela en una parte regular de tu vida.

ORACIÓN PARA CIRCUNCIDAR TU CORAZÓN

Padre celestial:

Tú ordenaste a Abraham y a los hijos de Israel circuncidar la carne. Ellos eligieron obedecerte, teniendo dolor físico a fin de recordar tu pacto y apartarse para ti. Sabiendo que un hombre puede decir y hacer todo lo bueno por guardar tus mandamientos, y aún tener el corazón lejos de ti, ordenaste a los hombres de Judá y Jerusalén que circuncidaran sus corazones.

Vengo a ti ahora para circuncidar mi corazón. En verdadera humildad, optando por confiar en ti, llevo mi maldad (haz una pausa para confesar el pecado específico), *mi debilidad* (haz una pausa aquí y expresa tus vulnerabilidades, limitaciones, etc.), *mis heridas* (enumérales o pide a Dios que te las revele), *y la guerra desatada en mi contra* (confiesa las mentiras que has creído). *Te ofrezco todo esto y confío en que estás conmigo.*

Al circuncidar mi corazón declaro que este añora más que obediencia externa. Declaro que me has dado un corazón nuevo y que has puesto tu Espíritu en mí para que yo desee guardar tus mandamientos. Manifiesto que al renovar mi corazón me diste los «quiero hacer» a cambio de los «debo hacer». Afirmo que lo que definitivamente es verdad acerca de mi corazón es que tanto tus deseos como los míos son los mismos.

Al circuncidar mi corazón rindo mi identidad masculina ante ti. Confieso todas las formas en que he intentado definir mi masculinidad aparte de ti. Confieso todas las maneras en que he usado mal o abdicado mis verdaderas fuerzas como hombre. Sigue mostrándome mi verdadera identidad en ti, y ayúdame a crecer a fin de que pueda ser el hombre que tú quieres que yo sea.

Al circuncidar mi corazón, te entrego las partes ocultas de quién soy. Confieso todos los modos en que he escondido mi corazón, mi maldad, mi debilidad y mis heridas. Gracias porque a través de la muerte de Jesús en la cruz y la resurrección a nueva vida, tú produces vida a partir de mi quebrantamiento. Elijo ahora salir del escondite y vivir en tu luz.

Al circuncidar mi corazón, rindo ante ti todo lo que soy: mente, voluntad, emociones, espíritu y cuerpo. Gracias porque a través de mis debilidades y heridas rendidas a ti tú puedes hacer que yo lleve fruto para tu reino. Acepto tu llamado en mi vida, reconociendo que me has dado aliento hoy día para caminar contigo como tu hijo amado.

Al circuncidar mi corazón me someto al Señor Jesucristo. Rechazo las estratagemas, las obras, y los efectos del enemigo. En la autoridad del nombre de Jesús, renuncio a mi participación en pecado sexual (haz una pausa y confiesa pecados específicos como pornografía, inmoralidad sexual o adulterio). *Derribo toda fortaleza sexual, y recupero todo terreno en mi corazón que he cedido al enemigo a causa de pecado sexual.*

Por último, al circuncidar mi corazón declaro que solamente por la sangre derramada de Jesús (su muerte, resurrección y ascensión) es que soy perdonado, limpiado y restaurado a nueva vida. Debido a la vida, muerte y obra de Jesús, declaro que tal como soy, soy perfectamente aceptable y santo para Dios.

En el nombre del Padre, del Hijo y del Espíritu Santo.
Amén.

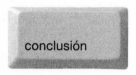

Cómo llegar a ser el héroe que eres

Dios hizo a los hombres como son porque necesitamos con
desesperación que ellos sean como son.

—JOHN ELDREDGE[1]

Volvamos por un momento a nuestra historia del rabino y el
estudiante.

Un rabino y su joven discípulo estaban sentados uno al lado del
otro bajo la sombra de un enorme roble.

—Ayúdame, rabí —pidió el estudiante—. Soy un hombre de
doble ánimo. La ley del Señor me dice: «El Señor es mi Pastor y
nada me faltará». Sin embargo, vaya, ¡cuántas cosas deseo!

Tú recuerdas la historia. El discípulo derramó su alma (todos
sus secretos pecados y vergüenzas, al rabino). Pero esta vez el relato
tiene un final distinto.

—Hijo mío —empezó a decir el rabino—. Escucha la historia
que estoy a punto de contarte.

»Hace mucho tiempo, cuando yo era muy joven, le pedí a *mi*
rabino que me explicara un pasaje que yo no había entendido.

»El libro del Génesis cuenta la historia que después de que Adán
mordiera el fruto, se escondió de Dios. Le pregunté a mi maestro:
¿Es así?

»Es así —contestó él.

»¿Y es verdad que después de que Adán huyera, Dios le preguntó: "¿Dónde estás?"

»Es verdad —contestó mi maestro.

»¿Cómo entonces es posible que el Creador del universo no supiera dónde estaba escondido Adán?

»El Señor sabía dónde estaba Adán, respondió mi maestro. Era Adán quien no lo sabía».[2]

¿DÓNDE ESTÁS TÚ?

El Señor sabe exactamente dónde estás. Sin embargo, ¿sabes *tú* dónde estás? Si lo sabes, ese es tu punto de inicio. Tu viaje empieza allí donde estás, no donde deberías estar. ¿Estás perdido? Si es así, está perfectamente bien detenerse y pedir instrucciones. Reconocer que estás perdido es una condición para completar el viaje. Jesús es un guía confiable. Por tanto, ¿dónde estás *tú* en...

- cuanto a entender los asuntos básicos de por qué luchas con pornografía?
- reconocer las promesas vacías que te ha hecho la pornografía y conocer tus deseos dados por Dios para los cuales la porno es un sustituto?
- adueñarte de tu quebrantamiento personal y resistir la sujeción que la vergüenza tiene en tu alma?
- descubrir las mentiras que crees y vivir según tu buen corazón?
- aprender a cuidar de tu propia alma?

UNA VISIÓN PARA TU VIDA

Mi amigo Victor ha lidiado durante décadas con adicción a la pornografía. En esta etapa de nuestras vidas solo nos vemos de vez en cuando. Pero siempre que me ve me dice que soy su héroe. Al principio esto me resultaba embarazoso e incómodo. Pero cada vez que me veía, mi amigo explicaba que mi historia de redención le daba esperanza de que él también llegara a ser libre.

Después de dos años sin ver a Victor me topé con él en una fiesta de despedida de algunos amigos en común. Al principio no lo reconocí. Su voz monótona estaba ahora llena de energía. Su personalidad antes forzada era más vibrante y animada. Sus ojos estaban brillantes y claros. Incluso parecía físicamente más en forma. Nunca lo había visto derrochando tanta alegría.

—¿Qué te *sucedió?* —pregunté.

—Michael, soy libre —respondió—. Y si me pudo ocurrir a mí, le puede pasar a cualquiera.

Te puedes imaginar lo curioso que yo estaba por saber más acerca de esta transformación.

—Desde la secundaria he librado una guerra contra la lujuria y la pornografía —expresó Victor—. Finalmente me cansé de poner tanta energía en esa batalla, y me di por vencido. En lugar de eso he estado poniendo mi energía en convertirme en una clase diferente de hombre. Estoy cambiando la manera en que vivo. Estoy empezando a verme y a ver a Dios de modo diferente. Estoy aprendiendo a ver de qué trata la intimidad. Me imagino que me estoy convirtiendo en un hombre que ya no necesita mirar pornografía. Ya no necesito lo que esta adicción hizo una vez por mí, porque el enorme agujero en mi corazón ha desaparecido. Estoy buscando a Dios por quién él es y no por lo que él puede hacer por mí. Me estoy enfocando en ser transformado, y he descubierto que esto está comenzando a suceder.

Joseph Campbell escribió: «Un héroe es alguien que ha entregado su vida a algo más grande que él mismo».[3]

Hoy día Victor es *mi* héroe.

MATA AL LAGARTO

En su alegoría *El gran divorcio*, C. S. Lewis describió un mundo en que nadie necesita de Dios, o en realidad de ninguna otra persona. Ese lugar es el infierno. La gente puede tener lo que quiere con tan solo imaginarlo, aunque lo que recibe no es real (reminiscencia de la pornografía).

En una escena, el fantasma de un hombre está esclavizado a la lujuria. Un lagarto rojo, el símbolo de la lujuria del individuo, está sentado en el hombro y le susurra constantemente mentiras al oído. A medida que el hombre se angustia más y más, un ángel aparece y le ofrece matar al lagarto. Pero el fantasma del hombre se abate. Ya no quiere al lagarto, pero tampoco desea que muera, por temor a que él también resulte muerto. Por tanto, ofrece excusas al ángel. «No quiero causarte molestias... No lo matemos; solamente acallémoslo... No hay tiempo suficiente... Ahora está durmiendo y no me molestará... Hablemos con alguien que conozca más de estas cosas para ver si esto es necesario».

El ángel rebate pacientemente cada excusa pidiendo permiso para matar al lagarto. En un último intento por evitar el sufrimiento necesario, el fantasma lanza un asalto verbal contra el ángel. «Si quería ayudarme, ¿por qué no ha matado al condenado animal sin preguntármelo, sin que yo lo supiera? Si lo hubiera hecho así, ya habría pasado todo». Pero el ángel replica: «No puedo matarlo contra su voluntad. Es imposible. ¿Me da su permiso?». Finalmente, el hombre-fantasma cede y el ángel procede a romper la espalda del lagarto de la lujuria, lanzándolo muerto al suelo.

Lo que sucede a continuación en esta historia es totalmente hermoso. El fantasma, una vez amorfo y sin sustancia, empieza a tomar forma y a añadir peso. Primero un brazo, luego un hombro, y después piernas y manos. A continuación cuello y cabeza, hasta que se transforma en un hombre completo, gloriosamente radiante y sólido. Inesperadamente el lagarto también comienza a cambiar de tamaño y forma. Poco a poco se transforma de un reptil escamoso de color rojo en un semental blanco platinado. La cola y la crin están hechas de oro, y los músculos ondean a medida que relincha y golpea el suelo con los cascos. Cuando el hombre sólido recién formado ve al semental, se monta en el lomo y se dirige hacia las montañas.[4]

Igual que el hombre-fantasma en la historia de Lewis, la lujuria nunca se aleja. Se sienta en los hombros de los hombres y les susurra mentiras. Trata de hacerles creer que les dará lo que ellos desean y necesitan, convenciéndoles que les satisfará sus ansias profundas y que sanará su quebrantamiento. También te ha atraído a ti. La lujuria busca seducirte para que entregues el corazón. Y cuando cedes en algún nivel, tu cerebro, conducta y alma quedan atrapados. Esto no es lo que deseas ser.

Tampoco es lo que eres. Definitivamente no.

Es muy probable que te identifiques más con el lagarto rojo de lujuria en la historia de Lewis que con el semental blanco. Pero debes entender·la verdad. Ahora mismo *eres* ese corcel blanco. *Eres* ese hombre completo. Por debajo de tu quebrantamiento, tu corazón fuerte y masculino permanece intacto. Eres noble. Eres honorable. Eres un héroe. Y tu fortaleza es terriblemente necesaria.

Dios anhela transformar tu lujuria en fortaleza. Sin embargo, esto no ocurrirá por medio de más esfuerzo religioso. No sucederá reclutando a otro compañero a quien rendir cuentas. Ni siquiera acaecerá solo por leer este libro y decidir que *esta* vez vas a ser más serio en cuanto a resistir la tentación.

Hoy enfrentas una decisión. Quizás minimices el impacto de la pornografía en tu alma y en tu vida. Tal vez culpes a otros para poder justificar tu pecado sexual. Puedes permanecer oculto, gobernado por el quebrantamiento. Puedes seguir esforzándote por obrar mejor hasta rendirte del cansancio. Y también puedes conformarte con solo *soñar* con santidad y libertad, y con verter vida en quienes amas y en el mundo que te rodea.

Por otra parte, puedes optar por la vida. Escoger vida, que es más fácil decirlo que hacerlo, es la senda que debes seguir para que tu alma sea libre. Optar por la vida significa creer que eres un semental; que fuiste creado para volar y para entonar el cántico que hay en tu corazón. Escoger la vida significa reconocer que el camino en que has estado transitando conduce a la muerte; que en un nivel conductual has estado buscando pornografía mientras a nivel de corazón has estado buscando a Dios. Y más importante, optar por la vida significa creer que tu Padre celestial tiene una manera mejor de llevar tu vida que tú.

El Señor buscó fielmente a Adán, aunque este desobedeció, se escondió y perdió el norte. Y Dios fielmente te está buscando a ti.

¿Dónde estás *tú*?

reconocimientos

Mi sincero agradecimiento a Dudley Delffs, amigo, hermano y agente literario; a Michael J. Klassen, importante contribuyente editorial; a Judy Gomoll, animadora, amiga y editora. Gracias especiales al equipo de Thomas Nelson: Renee Chavez, Adria Haley y Matt Baugher.

Un profundo agradecimiento a Young Life de Cleveland, los hombres que influyeron en mi vida y me pusieron la expectativa muy alta: Jeff Coakwell, Joel LaRiccia, Don Mook y John Bush. Gracias al Dr. Michael Misja de la Fundación North Coast Family, la primera persona en luchar por mi corazón.

Estoy en deuda con Dan Allender y Tom Varney, quienes me enseñaron y me guiaron en consejería y cuidado del alma. A John Eldredge, quien me mostró a Jesús. Estoy especialmente agradecido con Larry Crabb, quien abrió un camino para todos nosotros al brindarnos verdad fresca respecto a santificación y santidad, y quien nos guió a Julianne y a mí a través del valle y hacia la luz.

Mi más sincero agradecimiento para Bill y Laurie Bolthouse, Kim y Michelle Hutchins, Al y Nita Andrews, Philip Yancey, John y Elaine Busch, Aram Haroutunian, Eric Ebeling, Brad y Jeanette Hillman, Patty Wolf, Denise Simpson, y Steve Siler. Gracias a Gary Wilson por su aporte esencial con relación a «Tu cerebro y la pornografía»: simplificación de lo maravilloso del cerebro. Especial gratitud para Chris y Katinka Bryson, Kathy y Tom Norman, Dick y Bo Teodoro, Billy Williams, y Peter Zaremba por hacer de mis escritos sabáticos una realidad.

David y Faith Donaldson: Todos los caballos y los hombres del rey no pudieron volver a unir a Zanco Panco. Pero ustedes fueron el corazón y las manos del rey en recomponerme. Dios los bendiga.

Lily Mei, CJ, y Julianne: ustedes tienen mi corazón, lleno de alegría por la vida que llevamos juntos.

notas

Introducción: ¿Qué es mejor que la pornografía?

1. Oí esta historia por primera vez en la década de los ochenta como ilustración de un sermón. En 2001 la leí en el libro de Jeffrey Satinover, *Feathers of the Skylark: Compulsion, Sin and Our Need for a Messiah*. Aunque la he adaptado aquí creando el personaje del rabino, tal vez el relato original se pueda atribuir a G. H. Charnley, un ministro británico. Consulta G. H. Charnley, *Skylark's Bargain: Thirty-Seven Talks to Boys and Girls* (Londres: H. R. Allenson Publisher, 1920).

Capítulo 1: Cómo volver a conseguir tus plumas

1. Gerald May, *Addiction and Grace: Love and Spirituality in the Healing of Addictions* (Nueva York: HarperCollins, 1998).
2. Correspondencia personal de C. S. Lewis, Colección en el Wade [privada] en Wheaton College, Wheaton, IL.
3. Ibíd.
4. Agustín tenía algunas ideas bíblicamente infundadas acerca del sexo, incluyendo la noción de que el sexo únicamente era para procreación.
5. Donald Miller, *Un largo camino de mil años: lo que aprendí al redactar mi vida* (Nashville: Grupo Nelson, 2011), p. 219.

Capítulo 2: No tiene nada que ver con sexo

1. Oswald Chambers, *The Philosophy of Sin: How to Deal with Moral Problems* (Londres: Marshall, Morgan, & Scott, 1960).
2. John Eldredge, *Salvaje de corazón: descubramos el secreto del alma masculina* (Nashville: Grupo Nelson, 2003), p. 51

3. Robert Jensen, *Getting Off: Pornography and the End of Masculinity* (Cambridge, MA: South End Press, 2007), p. 33.

4. C. S. Lewis, *Los cuatro amores* (Madrid: Rialp, 2005), p. 135.

5. *American Beauty*, Dreamworks/SKG, 1999.

Capítulo 3: Sed insaciable

1. David A. Bender, *Encyclopedia.com*, s.v., «aposia», http://www. encyclopedia.com/doc/1O39-aposia.html, accedido 17 octubre 2011.

2. John Eldredge, *Wild at Heart: Discovering the Secret of a Man's Soul* (Nashville: Thomas Nelson, 2001), p. 201 [Eldredge, *Salvaje de corazón*].

3. Frederick Buechner, *Godric* (Nueva York: HarperCollins, 1980), p. 153.

4. C. S. Lewis, *The Weight of Glory* (Nueva York: HarperCollins, 1949), p. 1.

5. C. S. Lewis, *The Great Divorce* (Nueva York: HarperCollins, 1946), pp. 106–11 [*El gran divorcio* (Nueva York: Rayo, 2006)].

6. Larry Crabb, *Inside Out* (Colorado Springs: NavPress, 2007), p. 105 [*De adentro hacia afuera* (Miami: Unilit, 1992)].

Capítulo 4: Cómo reunir los pedazos rotos

1. Richard Rohr, *On the Threshold of Transformation: Daily Meditations for Men* (Chicago: Loyola Press, 2010), p. 98.

2. Crabb, *Inside Out*, p. 49.

3. D. H. Lawrence, en *D. H. Lawrence: Selected Poetry*, Keith Sagar, ed., rev. ed. (Londres: Penguin, 1986), pp. 216–17.

4. Richard Rohr, *On the Threshold of Transformation: Daily Meditations for Men* (Chicago: Loyola Press, 2010), p. 48.

5. Sam Keen, *To a Dancing God* (Nueva York: Harper & Row, 1970). Citado en http://www.inwardoutward.org/autho/sam-keen.

Capítulo 5: Exposición de las falsificaciones

1. Citado en John Eldredge, *The Journey of Desire: Searching for the Life We've Only Dreamed Of* (Nashville: Thomas Nelson, 2000), p. 80.

2. Fiódor Dostoievski, *Los hermanos Karamázov* (Nueva York: Random House, 1990), p. 394.

3. Tim Keller: *Counterfeit Gods: The Empty Promises of Money, Sex, Power, and the Only Hope That Matters* (Nueva York: Dutton, 2009), p. xvii.
4. A. W. Tozer, *El conocimiento del Dios santo* (San Francisco: Harper, 1961), p. 6.
5. Keller, *Counterfeit Gods*, p. xvii.
6. Ibíd., p. 155.

Capítulo 6: Vergüenza y creencias básicas

1. Bruce Springsteen, «Better Days», en el disco de Bruce Springsteen, *Human Touch*, producido por Chuck Plotkin y Jon Landau, 1992.
2. Andrew Comiskey, *Strength in Weakness: Healing Sexual and Relational Brokenness* (Downers Grover, IL: IVP Books, 2003), p. 69.
3. Alan Paton, *Too Late the Phalarope* (Nueva York: Scribners, 1953), p. 3 [*El falaropo* (Madrid: Debate, 1983)].
4. Patrick Carnes, *Out of the Shadows: Understanding Sexual Addiction* (Center City, MN: Hazleden Press, 1983), pp. 167–76.
5. Henri Nouwen, *Life of the Beloved: Spiritual Living in a Secular World* (Nueva York: Crossroads Publishing, 1992), p. 33.
6. Thomas Merton, sitio web Inward/Outward, http://www.inwardoutward.org/author/thomas-merton?page=1.

Capítulo 7: La senda de opresión del alma

1. Gordon Dalbey, *Fight Like a Man* (Carol Stream, IL: Tyndale House, 1995).
2. http://www.brainyquote.com/quotes/quotes/carljung114799.html.
3. May, *Addiction and Grace*, p. 29.
4. John Donne, Soneto sacro 14 de *Poems of John Donne*, vol. 1, E. K. Chambers, ed. (Londres: Lawrence and Vullen, 1896), p. 165.

Capítulo 8: Tu buen corazón

1. Gerald May, *The Awakened Heart* (Nueva York: HarperCollins, 1991).
2. Michael John Cusick, «A Conversation with Dallas Willard», http://www.restoringthesoul.com/interviews.

Capítulo 9: La batalla invisible

1. Philip Yancey, A Skeptic's Guide to Faith (Grand Rapids: Zondervan, 2003), p. 92.
2. Christopher West, Theology of the Body for Beginners (West Chester, PA: Ascension Press, 2004), p. 11.
3. Calvin Miller, Disarming the Darkness: A Guide to Spiritual Warfare (Grand Rapids: Zondervan, 1998), pp. 62–63.
4. Esta oración fue publicada originalmente en Love & War por John y Stasi Eldredge, quienes amablemente dieron permiso para usarla aquí. Puedes bajar una copia de la oración en http://www.ransomedheart. com/more_prayers.aspx.

Capítulo 10: Tu cerebro en la pornografía

1. Sharon Begley, Entrena tu mente, cambia tu cerebro: Cómo una nueva ciencia revela nuestro extraordinario potencial para transformarnos a nosotros mismos (Colombia: Norma, 2008), p. 8.
2. U2, Brian Eno y Daniel Lanois, «Unknown Caller», en el disco de U2, No Line on the Horizon, producido por Brian Eno, Daniel Lanois y Steve Lillywhite, 2009.
3. Partnership for a Drug-Free America, «This Is Your Brain on Drugs» (anuncio de servicio público), visible en YouTube en http://www. youtube.com/watch?v=dk9XY8Nrs0A&feature=related.
4. American Society of Addiction Medicine, Declaración de política pública, definición de adicción, 15 agosto 2011, http://www.asam.org/ About.html.
5. Mary Sykes Wylie y Richard Simon, Psychotherapy Networker, 1 septiembre 2002. Todo el artículo está disponible en http://www. highbeam.com/doc/1P3-671613861.html.
6. Marnia Robinson, «Sex and Morality: A Debate Between Competing Neurons», publicado en 12 enero 2011, en Cupid's Poisoned Arrow, http://www.psychologytoday.com/blog/cupids-poisoned-arrow/ 201101/sex-and-morality-debate-between-competing-neurons.
7. Gary Wilson describe esto en su sitio web, www.yourbrainonporn. com.
8. Norman Doidge, The Brain That Changes Itself: Stories of Personal Triumph from the Frontiers of Brain Science (Nueva York: Penguin, 2007), p. 106 [El cerebro se cambia a sí mismo (Madrid: Aguilar, 2008)].

9. Gert Holstege y otros, «Brain Activation during Human Male Ejaculation», *The Journal of Neuroscience* (8 octubre 2003), 23(27): pp. 9185–93.

10. Visita *Wikipedia*, s.v., «Coolidge Effect», http://en.wikipedia.org/wiki/Coolidge_effect.

11. C. S. Lewis, *Cartas del Diablo a su sobrino* (Madrid: Rialp, 2004), p. 52.

12. John Medina, *Brain Rules: 12 Principles for Surviving and Thriving at Work, Home, and School* (Seattle: Pear Press, 2008).

13. Marta G. Vucckovic y otros, «Exercise elevates dopamine D2 receptor in a mouse model of Parkinson's disease in vivo imaging with (18F) fallypride», *Movement Disorders*, vol. 25, número 16, pp. 2777–84, 15 diciembre 2010.

14. Chen Hsiun Ing, y otros, «Long term compulsive exercise reduces the rewarding efficacy of 3,4-methylenedioxymethamphetamine», *Behav Brain Res.*, 11 febrero 2008; 187(1): pp. 185–9. Epub 16 septiembre 2007.

15. Agradezco a Gary Wilson por permitirme extraer con liberalidad de su investigación recolectada y explicaciones científicas simplificadas. Su website http://yourbrainonporn.com es un valioso recurso.

Capítulo 11: Menos es más

1. Isaías 30.15.

2. Adam Duritz, «Perfect Blue Buildings», en el disco de los Counting Crows, *August and Everything After*, producido por T-Bone Burnett, 1993.

3. Henri J. M. Nouwen, *Reaching Out: Three Movements of the Spiritual Life* (Nueva York: Doubleday, 1975), p. 18.

4. Keller, *Counterfeit Gods*, p. 155.

5. Henri Nouwen, *Making All Things New: An Invitation to the Spiritual Life* (Nueva York: HarperCollins, 1981), p. 70.

6. Mirabai Starr, traducción en *El castillo interior: Santa Teresa de Ávila* (Nueva York: Riverhead Books, 2003), p. 3.

7. Hermano Lawrence, *La práctica de la presencia de Dios* (New Kensington, PA: Whitaker House, 1997).

8. David Muyskens, *Forty Days to a Closer Walk with God* (Nashville: Upper Room, 2006).

9. Meditación de conciencia plena es una clase de «conciencia no elaborada, sin prejuicios, centrada en el presente en que a cada pensamiento, sentimiento o sensación que surge en el campo central de atención se le reconoce y acepta como es». Scott R. Bishop y otros, «Mindfulness: A proposed operational definition», *Clinical Psychology: Science and Practice* 11, no. 3 (2004): 232; revisa también pp. 230–41.

10. Ruth A. Baer, «Mindfulness training as a clinical intervention: A conceptual and empirical review», *Clinical Psychology: Science and Practice* 10, no. 2 (2003): pp. 125–43.

11. *Mindfulness for Addiction Problems* (DVD), con G. Alan Marlatt, PhD, ISBN: 978-1-59147-221-6, noviembre 2004; K. Witkiewitz, G. A. Marlatt y D. D. Walker, «Mindfulness-based relapse prevention for alcohol use disorders: The meditative tortoise wins the race», *Journal of Cognitive Psychotherapy* 19 (2005): pp. 211–30.

12. Doidge, *The Brain That Changes Itself.*

Capítulo 12: La carretera del cuidado del alma

1. Martin Nystrom, «Como el ciervo», 1984.

2. Ronald Rolheiser, *The Holy Longing* (Nueva York: Doubleday, 1999), p. 221.

3. Peter Scazzero, *Espiritualidad emocionalmente sana* (Miami: Vida, 2008).

Capítulo 13: Libertad para vivir

1. Henri Nouwen, *En el nombre de Jesús: Un nuevo modelo responsable de la comunidad cristiana* (Madrid: PPC, 1995).

2. Wendell Berry, *Sex, Economy, Freedom, and Community: Eight Essays* (Nueva York: HarperCollins, 1946), pp. 107–14.

Capítulo 14: Paso por el quirófano

1. Sting, «The Lazarus Heart», en el disco *Nothing Like the Sun* de Sting, producio por Neil Dorfsman, 1991.

2. Ian Morgan Cron, «All the Things That Love Can Do», en el disco *Land of My Father's* de Ian Morgan Cron, producido por Rob Mathes, 1994.

Conclusión: Cómo llegar a ser el héroe que eres

1. Eldredge, *Salvaje de corazón*, p. 92.
2. He adaptado esta historia de una parábola escrita en *And the Sea Is Never Full: Memoirs, 1969—*, de Elie Wiesel (Nueva York: Schocken Books, 1999), p. 1.
3. http://www.brainyquote.com/quotes/quotes/j/josephcamp1.
4. Lewis, *El gran divorcio*, pp. 121–22.

Michael John Cusick es un pastor ordenado, director espiritual y consejero profesional graduado, que ha experimentado directamente la mano restauradora de Dios en un matrimonio y una vida totalmente destruidos. Michael fundó Restoring the Soul, un ministerio cuya misión es ofrecer consuelo al alma de líderes cristianos y cambiar sus vidas. La pasión de Michael durante sus veinticinco años como pastor es lograr que las realidades destruidas en la vida de las personas entren en contacto con el poder sanador del evangelio.